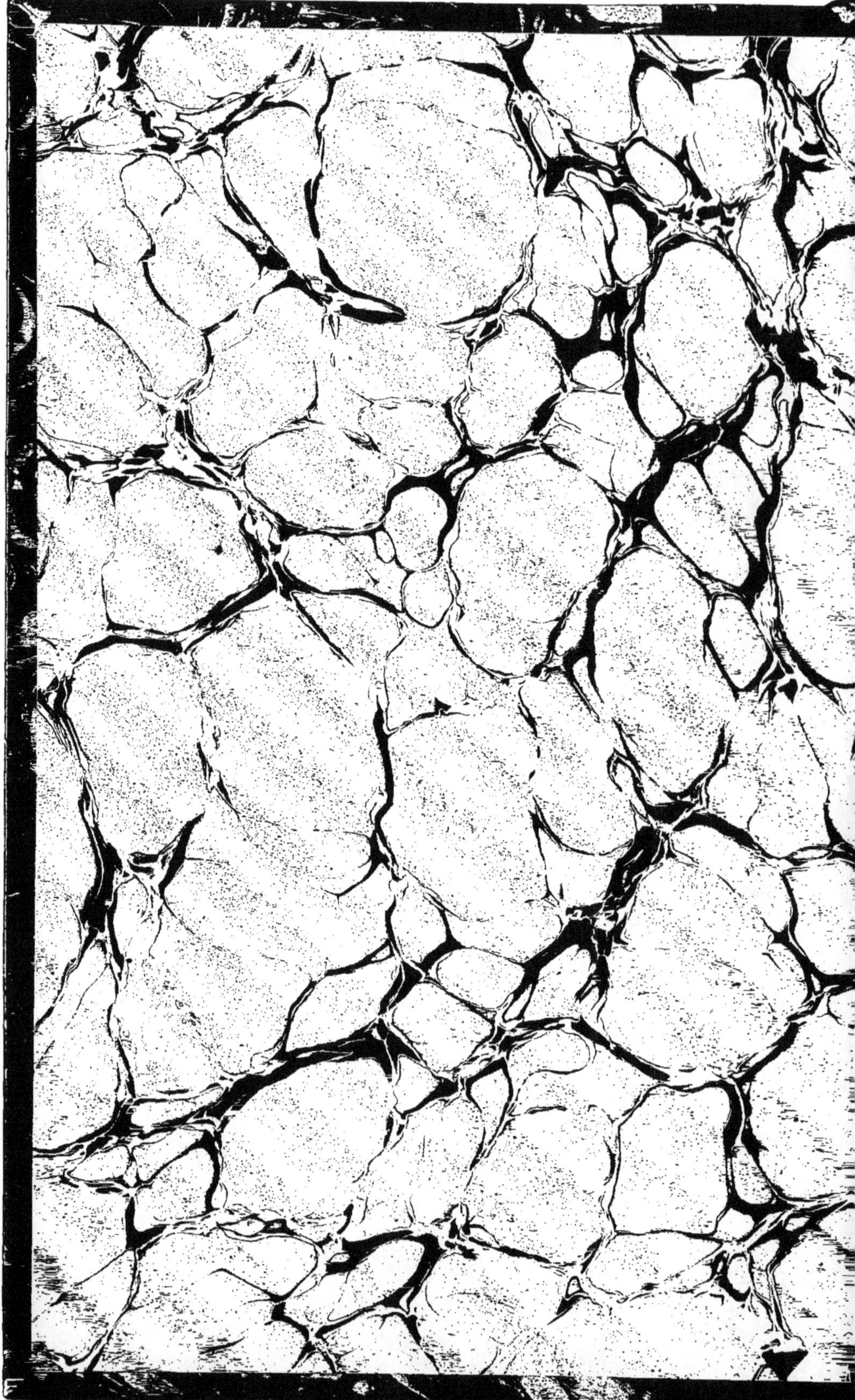

MONOGRAPHIE PARISIENNE

LA
Rue du Bac

PAR

CHARLES DUPLOMB
CHEF DE BUREAU AU MINISTÈRE DE LA MARINE
CHEVALIER DE LA LÉGION D'HONNEUR
OFFICIER D'ACADÉMIE

L'hôtel de Mailly.

PARIS
J. MERSCH, IMPRIMEUR
4bis, AVENUE DE CHATILLON, 4bis

1894

La Rue du Bac

La Rue du Bac en 1654.

(D'après le plan de J. Boisseau.)

MONOGRAPHIE PARISIENNE

LA

Rue du Bac

PAR

Charles DUPLOMB

CHEF DE BUREAU AU MINISTÈRE DE LA MARINE

CHEVALIER DE LA LÉGION D'HONNEUR

OFFICIER D'ACADÉMIE

Ouvrage illustré de 15 gravures et de 20 plans.

PARIS

J. MERSCH, IMPRIMEUR

4bis, AVENUE DE CHATILLON, 4bis

1894

PRÉFACE

La rue du Bac compte à peine deux siècles d'existence. Dans un titre de 1622 elle est encore énoncée *Grand chemin et ruelle venant de Grenelles audict Pré (aux Clers).* Mais il y a peu de rues à Paris dont l'histoire soit plus intéressante à étudier, à cause de son origine, du nombre et de l'importance des établissements civils et religieux qui y ont été fondés, du grand nombre d'hommes célèbres qui l'ont habitée.

Son nom lui vient d'un bac, établi en 1564 (1), à l'endroit où se trouve actuellement le Pont-Royal, *pour y passer et repasser toutes les pierres, matériaulx et autres choses* nécessaires à la construction des Tuileries et qui provenaient des carrières de Notre-Dame des Champs et de Vaugirard. Pendant longtemps, ce ne fut qu'un chemin de charroi, ouvert à travers des terres à culture, sans aucune habitation, à part quelques chaumières appartenant à des vassaux de l'abbaye de Saint-Germain des Prés. Sa transformation ne commença réellement que vers la fin du règne de Louis XIII, en même temps que se développait le faubourg Saint-Germain, dont elle devint l'artère principale.

Au XVIIe siècle, il se produisit, un tel besoin de construction et d'agrandissement de monastères, que le faubourg, qui était fort peu habité, fut littéralement envahi par le Clergé. On ne vit, de toutes parts, que de vastes chantiers, que *massons en besongne,* suivant l'expression caractéristique d'un auteur du temps. Les autorisations données étaient du reste très larges : les communautés religieuses eurent

1. C'est la date à laquelle le bac fut concédé pour la première fois à la communauté des Maistres passeurs. Il le fut une seconde fois par une décision du bureau de la ville, en date du 29 novembre 1594 ; mais les lettres patentes datent du 9 septembre 1550 (voir appendice n° 1).

le droit de *s'habituer et s'establir aux faulxbourgs de Saint-Germain des Prés, d'y construire et bastir es places par elles acquises les églises et habitations qui leur (étaient) nécessaires, et si amples que bon leur (semblait).* Plusieurs d'entre elles furent même autorisées à élever des maisons de rapport sur le terrain non utilisé après l'achèvement des bâtiments conventuels.

Les établissements monastiques, avec leurs vastes jardins et dépendances, ne furent pas les seuls éléments fondateurs de la rue du Bac : les établissements civils contribuèrent aussi à la transformation de cette rue.

De 1632 à 1673, on ne compte pas moins de six grandes fondations religieuses, hospitalières et militaires. Il y a peu d'exemples d'un développement aussi rapide. Voici l'énumération chronologique de tous ces établissements :

(1632) *Le Noviciat des Jacobins,* à l'angle de l'ancienne rue Saint-Dominique. Supprimée en 1790, l'église fut rendue au culte en 1802, sous le vocable de Saint-Thomas d'Aquin. Le musée d'artillerie, transporté depuis aux Invalides, a occupé pendant longtemps une partie des bâtiments du Noviciat.

(1637) *Les filles de l'Immaculée-Conception* ou les *Récollettes,* au coin de la rue de la Planche (de nos jours la rue de Varennes). La chapelle de ce couvent, convertie d'abord en salle de spectacle et plus tard en salle de bal, a été connue pendant longtemps sous le nom de *salon de Mars*. Elle sert aujourd'hui de magasin.

(1652) *L'hôpital des Convalescents,* presque vis-à-vis les Récollettes, fondé par Mme Angélique Faure, veuve du Surintendant des Finances Claude Bullion. C'est le premier établissement charitable que Paris ait possédé. Des maisons de rapport s'élèvent aujourd'hui sur son emplacement, qui a été vendu par l'administration des hospices le 25 septembre 1812.

(1663) *Les Missions étrangères,* au coin de la rue de Babylone.

(1671) *L'hôtel des Mousquetaires,* bâti par Louis XIV sur l'emplacement de la halle des Prez aux clercs, plus connue sous le nom de halle Barbier, qui comprenait tout le carré formé par les rues du Bac, de Lille, de Beaune et de Verneuil. Vendue en 1777, cette caserne fut remplacée, en 1780, par le marché Boulainvilliers qui a disparu lui-même en 1843.

(1673) *Les Dames de la Visitation.* Cette maison, la seconde de cet Ordre religieux dans Paris, fut vendue, ainsi que toutes ses dépendances, le 5 thermidor an IV (23 juillet 1796). Les rues Paul-Louis Courier (ancien passage Sainte-Marie) et de Saint-Simon sont ouvertes sur son emplacement.

Enfin, trois autres Congrégations demeurèrent quelque temps dans la rue du Bac au XVIIe siècle : *Les Bénédictines de l'Adoration perpétuelle du Saint-Sacrement ; les Bernardines du Précieux Sang de Notre-Seigneur et les Religieuses de Nostre-Dame des Prés.*

Si à cette nomenclature nous ajoutons : l'hospice des *Petites-Maisons,* devenu plus tard l'hospice des *Petits-Ménages,* qui lui-même avait remplacé l'ancienne maladrerie de Saint-Germain supprimée en 1554 ; quelques habitations particulières appartenant à cet hospice, au couvent des Jacobins, aux Missions étrangères, à l'Université, aux *Incurables* (cet autre hospice qui fut construit en 1635, sous la direction de l'architecte Gamard, entre les rues de Sèvres et de Babylone), nous aurons esquissé, d'après les plans de Gomboust, de Jean Boisseau, de Bullet et Blondel, de Jouvin de Rochefort, la physionomie générale de la rue du Bac au milieu du XVIIe siècle.

Un événement édilitaire, qui survint en 1685, eut une influence considérable sur le peuplement du faubourg Saint-Germain. Nous voulons parler de la construction du *Pont-Royal.*

On avait substitué en 1632, au bac de Catherine de Médicis, un pont de bois, appelé tour à tour *Pont-Barbier,* du nom de son édificateur, Contrôleur Général des forêts de l'Isle de France ; *Pont Sainte-Anne,* en l'honneur de la reine Anne d'Autriche ; *Pont des Tuileries,* parce qu'il y aboutissait ; enfin *Pont-Rouge,* à cause de la couleur dont il était revêtu (1). Comme le Pont-Neuf et le pont Nostre-Dame, il était embarrassé d'une pompe hydraulique. Étant destiné surtout à desservir la halle des Prez aux clercs, il avait été établi dans l'axe de la rue de Beaune. Incendié en 1656, puis reconstruit et endommagé plusieurs fois par les eaux, il fut enfin emporté le 20 février 1684 et Louis XIV ordonna sa reconstruction en pierres et à ses dépens. C'est sans doute pour ce motif qu'il fut nommé Pont-Royal (2). L'arrêt du Conseil est du 10 mars 1685. Quatre ans après, le nouveau pont était terminé sous la direction de Mansart et du frère Romain, de l'Ordre des Jacobins.

1. V. appendice n° 2.
2. V. appendice n° 3.

Ce fut pour le faubourg Saint-Germain le passage à une vie nouvelle. La mode adopta le faubourg, qui devint le centre de l'élégance, du plaisir et du bel esprit. Il était de bon ton d'y posséder un hôtel. La vie du reste y était agréable, puisqu'on y jouissait à la fois et des avantages de la ville et de ceux de la campagne. On était en outre à deux pas des Tuileries et, pour se rendre à la cour, les équipages n'avaient plus à faire le détour du Pont-Neuf. Robert de Cotte et Germain Boffrand eurent la plus grande part à cette prodigieuse extension de l'architecture privée ; ils possédaient il est vrai, l'un et l'autre, au plus haut degré, toutes les qualités requises pour faire à merveille la distribution et la décoration des intérieurs, que l'on poussait encore plus loin que l'art de bâtir. « Les propriétaires d'hôtels se faisaient concurrence en quelque sorte pour avoir la meilleure, la plus confortable, la plus luxueuse installation, sans regarder à la dépense : ce n'était rien alors que de consacrer cinq cent mille francs à l'ornementation d'un petit hôtel. » (1)

Il semble qu'en parcourant la rue du Bac au XVIIIe siècle on feuillette les volumes de d'Hozier. Citons au hasard : Voisin de Saint-Paul, Président de Première Chambre des requestes ; le Marquis de Jeoffreville, membre du Conseil de Guerre ; le prince de Robecq, connu sous le nom de comte d'Estaires, qui servit avec réputation longtemps en France ; Amelot de Gournay, Président à la Cour du Parlement ; le comte d'Aubeterre ; le duc de Coislin, Evêque de Metz, membre de l'Académie française, qui légua à l'Abbaye de Saint-Germain des Prés la célèbre bibliothèque du chancelier Séguier, dont il avait hérité et qu'il avait enrichie d'une infinité de livres précieux ; le prince d'Isenghien, Maréchal de France ; Jean Jacques Le Vayer, Président au Grand Conseil ; Le Pelletier de la Haussaye, Intendant des Finances, dont Saint-Simon fait un assez piteux portrait ; le duc de Rochechouart, membre du Parlement ; le marquis de Nangis, Maréchal de France, *pour ne pas servir*, nous dit encore Saint-Simon ; le duc de Boutteville ; le baron de Chambrier, Ministre plénipotentiaire du Roi de Prusse ; Commynet de Laborde, Trésorier de France ; le duc de Chatellerault ; le marquis de Villeneur, Inspecteur général d'Infanterie ; le prince de Chalais, Grand d'Espagne ; le baron de Benstoff, Envoyé Extraordinaire du Roi de Danemark ; le comte de Guerchy, Inspec-

1. *Le* XVIIIe *siècle*. Lettres, sciences et arts, par Paul Lacroix.

teur général d'Infanterie, qui fit des prodiges de valeur à la bataille de Fontenoy ; le cardinal de la Rochefoucauld ; le marquis d'Armentières ; l'Estevenon de Kerkenrood, Ambassadeur des Etats Généraux des Provinces-Unies ; le marquis de Poyanne ; le général Fontenay, Envoyé Extraordinaire du Roi de Pologne ; le duc d'Havré et de Croï, Grand d'Espagne ; le comte de Cruquembourg, Ministre Plénipotentiaire de l'Électeur Palatin ; le prince de Tingry, Lieutenant général des armées du Roi ; le prince de Chimay, Grand d'Espagne ; Bochard de Saron, Président à la Grande Chambre du Parlement et en même temps astronome fort distingué ; le duc de Fitz-James ; le comte de Valentinois ; le duc de Civrac, membre du Parlement ; le duc de Praslin ; le comte de Vintimille. N'oublions pas non plus le sculpteur Dumont, l'anatomiste Baget ; Boyer, docteur régent de la Faculté de médecine, de l'Université de Paris, qui s'occupait spécialement des maladies épidémiques et contagieuses ; le célèbre oculiste Daviel ; Marmontel, Membre de l'Académie française ; le célèbre chirurgien Auvity ; le docteur Cornette, Membre de l'Académie des Sciences, qui accompagna les tantes de Louis XVI en exil, etc., etc.

Depuis la Révolution, le caractère et la physionomie du faubourg Saint-Germain se sont profondément modifiés et on peut prévoir que, d'ici peu, le noble quartier aura subi complètement le sort du Marais et de la Chaussée d'Antin. Il ne sera plus qu'une expression historique.

Quant à la rue du Bac, elle est devenue le refuge des rentiers paisibles et des fonctionnaires en retraite. Les hôtels, délaissés pour toujours par l'aristocratie française, ont été transformés en boutiques et en appartements à louer. *Sic transit gloria mundi.*

En terminant cette préface, qu'il me soit permis de remercier toutes les personnes qui ont bien voulu me fournir des renseignements, et tout particulièrement, M. Vaucanu, l'auteur des illustrations de cet ouvrage. Ce jeune artiste n'en est pas à son premier essai : il a déjà exposé, à différents Salons, des gravures qui ont été très remarquées.

SOMMAIRE DU TEXTE

CHAPITRE VI

DE LA RUE DE GRENELLE A LA RUE DE VARENNES

CHAPITRE VII

DE LA RUE DE VARENNES A LA RUE DE SÈVRES

APPENDICES

Ces commentaires sont suivis d'une *liste des principaux habitants de la rue du Bac aux* XVIIe, XVIIIe *et* XIXe *siècles.*

PLANS ET GRAVURES

La Rue du Bac

CHAPITRE PREMIER

DU QUAI D'ORSAY A LA RUE DE LILLE

Des chantiers de bois et des cabarets ont occupé, jusqu'à la fin du XVIIe siècle, la partie de la rue du Bac comprise entre le quai d'Orsay et la rue de Lille. Les manuscrits de Beffara, dont les originaux ont été brûlés en 1871, à l'Hôtel de Ville, contenaient sur ces chantiers de curieux renseignements. C'est dans l'un d'eux, situé près des rues de Grenelle et de Bourgogne, qu'Adrienne Le Couvreur fut clandestinement enterrée en 1730 (1), par les soins de son ami M. de Laubinière, le curé de Saint-Sulpice, l'abbé Lauguet (2), ayant refusé la sépulture ecclésiastique.

Mlle Aïssé, dans ses *Lettres,* et l'avocat Barbier, dans son *Journal,* nous ont fait connaître les circonstances toutes particulières dans lesquelles est survenue la mort de la grande actrice. Mais leur récit est-il bien exact? Voltaire, qui a assisté aux derniers moments de Mlle Le Couvreur, affirme que « tout ce que dit *Mlle Aïssé sont des bruits populaires qui n'ont aucun fondement* (3) », et la duchesse de Bouillon, étant à son lit de mort, a protesté, devant ses amis et toute sa maison, de son entière innocence.

1. Le 20 mars. Elle avait trente-huit ans, étant née le 5 avril 1692.
2. Lauguet de Gergy fut curé de Saint-Sulpice pendant trente-cinq ans. On lui a élevé un mausolée dans la chapelle Saint-Jean-Baptiste. C'était un homme très charitable, mais dont les procédés laissaient quelquefois à désirer. C'est lui qui avait embelli la chapelle de la Vierge d'une statue d'argent massif, appelée *Notre-Dame de la vieille vaisselle,* en souvenir des couverts d'argent qu'il avait pris chez ses paroissiens toutes les fois qu'il y avait dîné. Cette vierge fut convertie en monnaie pendant la Révolution et remplacée par cette vierge en marbre blanc que nous voyons aujourd'hui, et qui est l'œuvre de Pigalle.
3. Correspondance de Voltaire.

Chantiers et cabarets disparurent en 1708, époque à laquelle furent entrepris des travaux importants en vue de la construction du quai de la Grenouillère (1), que l'on baptisa du nom de *d'Orsay,* en l'honneur de Charles Boucher, seigneur d'Orsay, conseiller au Parlement et alors prévôt des marchands.

D'après un arrest du Conseil d'État, du 18 octobre 1704 (2), le

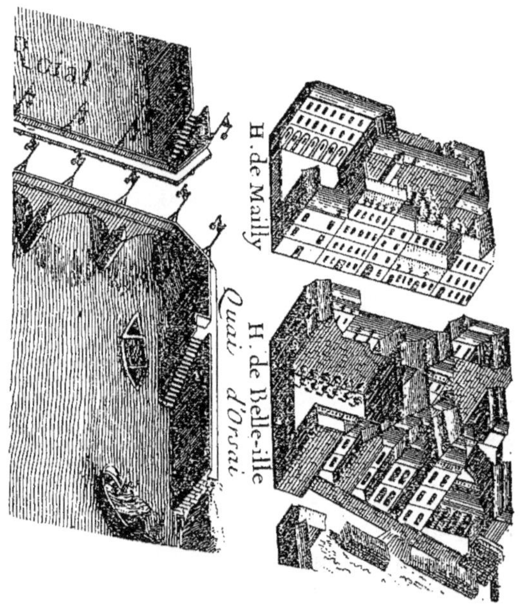

Du quai d'Orsay à la rue de Lille, d'après le plan de Turgot.
(1734-1739.)

nouveau quai devait avoir dix toises de largeur, *être revêtu dans toute son estendue de pierres de taille, avec un trottoir de neuf pieds de largeur le long du parapet... et des rampes en glacis descendant au bord de la rivière pour les abbreuvoirs et l'enlèvement des marchandises déchargées sur le port...* L'exécution de ces travaux nécessita tout naturellement un remaniement général de la berge du fleuve. De riches particuliers et la Prévôté des marchands se rendirent

1. Le territoire appelé la « Grenouillère » était une propriété de forme irrégulière, laquelle est dite, en 1622, appartenir au Bailly de la Grenouillère, vraisemblablement Alexandre Moreau, sieur de la Borde et de la Grenouillère. Sa dénomination lui serait donc venue du nom de son propriétaire et non de l'état du sol, comme le dit Jaillot. (*Le Faubourg Saint-Germain,* par Berty et Tisserand.)

2. Voir appendice n° 4.

Le n° 1 du quai d'Orsay.

(D'après un dessin à la plume de M. Vaucanu.)

acquéreurs des *places à bastir,* les premiers, pour y élever des hôtels ou des maisons de rapport, le second, pour les revendre, comme le fait de nos jours la Ville de Paris.

C'est ainsi que, le 30 septembre 1710, la Prévôté acquiert de Messire Louys de Cayeulx, chevalier, marquis de Liancourt, la moitié d'une place en chantier, *size à la Grenouillère, au bout du Pont-Royal, appellée le grand chantier du Soleil d'or, tenant à la rue du Bacq d'une part, et de l'autre à la rue de Bourbon,* moyennant 40.000 £.

Le 30 avril 1711, la Prévôté acquiert de la veuve du Chastel la contre-partie de la pièce précédente.

Ces deux places formaient une superficie de six cent treize toises. Elles furent revendues par la Prévôté, le 7 octobre 1717, à Robert de Cotte, chevalier de l'Ordre de Saint-Michel, premier architecte du Roi, intendant général de ses bâtiments, et à Nicolas Delaunay, directeur de la monnaie et des médailles du Roi, beau-frère de Robert de Cotte. Ils se partagèrent ces deux places par contrat du 1er avril 1722. Sur sa part, Robert de Cotte fit construire deux maisons se joignant rue de Bourbon, *dont une fait l'encoignure de la rue de Bourbon et de la rue du Bacq et tenantes d'un côsté à la droite à la ditte rue du Bacq et d'autre costé à gauche à M. le maréchal de Belle-Isle.*

Ces deux maisons n'existent plus aujourd'hui. Celle qui faisait le coin de la rue du Bac, après avoir été un instant *Hôtel d'Harcourt,* fut louée à des particuliers, parmi lesquels nous citerons le maréchal Jourdan. Le n° 52 de la rue de Lille est construit sur son emplacement. L'autre fut également une maison de rapport et sur le terrain qu'elle occupait s'élève l'aile droite de l'hôtel de la Caisse des Dépôts et Consignations.

Quant à la part de Nicolas Delaunay, elle fut vendue, par contrat passé devant Me Durand, le 12 janvier 1720, au marquis de la Vrillière, comte de Saint-Florentin, qui acheta à la même époque *les parts et portions appartenantes à Bernard Béraut, prestre, dans deux chantiers situés à la Grenouillère, à l'un desquels est pour enseigne l'Étoile, et à l'autre la Tour d'Argent, toutes les deux aboutissant sur la rue de Bourbon.*

Nous devons également à Robert de Cotte le *n° 1 du quai d'Orsay,* composé, à l'origine, de deux corps de bâtiment parfaitement distincts. *Au coin de la rue du Bac et à la tête du quai projeté* (le quai d'Orsay), disent Piganiol et Germain Brice, *sont deux grandes maisons de suite, que feu Robert de Cotte, premier archi-*

tecte du Roi, fit bâtir pour lui, avec toutes les commodités et tous les agrémens qu'on doit attendre de leur situation et d'un architecte aussi habile qu'il l'était (1). *Comme ces maisons n'ont été bâties qu'après l'hôtel de Belleisle* (2), *et que Cotte offrit cet emplacement à ce Seigneur, on fut fort surpris qu'il n'eût pas accepté cette offre, qui aurait donné plus de régularité et de grandes commodités à son hôtel.*

C'est dans l'une de ces deux maisons (*celle qui fait le coin du quai*), que vécut le comte d'Argental (3), bien connu par sa longue liaison avec Voltaire. Lui aussi, dans toute sa jeunesse, avait passionnément aimé Adrienne Le Couvreur, et il l'eut même épousée s'il n'en eût été détourné par l'actrice elle-même : « *Je vous ferai voir bien clairement,* lui écrivait-elle un jour, *les inconvénients de cette conduite, la première fois que le hasard pourra nous réunir, et je ne suis pas embarrassée de vous faire convenir que vous avez tort.*

« *Adieu, malheureux enfant. Vous me mettez au désespoir.* »

Et, en même temps, elle écrivait à Mme de Ferriol, pour la convaincre de sa sincérité, une lettre dictée par le cœur, admirable de sentiments (4).

D'Argental n'en resta pas moins un de ses amis les plus fidèles et ce fut lui qu'elle nomma, par testament, son légataire universel. Le legs n'était du reste qu'un fideicommis : Mlle Le Couvreur laissait deux filles à pourvoir.

Jusqu'à sa mort, le comte d'Argental conserva intact le souvenir de l'amie perdue. Ayant appris que l'on avait bâti un hôtel à l'endroit où reposait Adrienne, il obtint du propriétaire, le marquis de Sommery, l'autorisation d'élever un tombeau et composa lui-même cette

1. M. Édouard Pailleron, membre de l'Académie française, à l'obligeance duquel nous devons de très précieux renseignements sur le quai d'Orsay et le n° 1, a bien voulu nous signaler que les papiers et les portefeuilles de Robert de Cotte avaient été achetés par le cabinet des Estampes de la Bibliothèque nationale ; qu'ils contiennent une grande quantité de croquis, de dessins et de boiseries, etc..., parmi lesquels il ne serait pas impossible de retrouver les esquisses du fronton de cette maison et des boiseries des appartements.

2. L'hôtel de Belle-Isle avait été en effet construit en 1721, sur les dessins de l'architecte Bruant. Cet hôtel devint plus tard Choiseul-Praslin, puis, sous le Consulat, hôtel Demidoff.

3. Charles-Augustin de Ferriol, titré comte d'Argental par la possession d'une terre de ce nom, située dans le Forez à 30 kilomètres de Saint-Étienne. Né le 20 décembre 1700, il fut conseiller au Parlement de Paris du 21 février 1721 au 30 juillet 1743. Il mourut le 5 janvier 1788, à Paris. Il était le neveu de Charles de Ferriol, baron d'Argental, qui, étant ambassadeur extraordinaire de Louis XIV près de la Porte Ottomane, acheta, d'un marchand d'esclaves, une enfant de trois à quatre ans du nom d'Haïdée, qui devint plus tard Mlle Aïssé.

4. Sainte-Beuve reproduit le texte entier de cette lettre dans sa causerie sur Adrienne Le Couvreur.

épitaphe, qu'il fit graver sur une plaque de marbre et placer contre le mur :

Icy l'on rend hommage à l'actrice admirable,
Par l'esprit, par le cœur également aimable.
Un talent vrai, sublime en sa simplicité,
L'appelait par nos vœux à l'immortalité.
Mais le sensible effort d'une amitié sincère
Put à peine obtenir ce petit coin de terre,
Et le juste tribut du plus pur sentiment
Honore enfin ce lieu méconnu si longtemps.

Le tombeau discrètement élevé par le comte d'Argental est aujourd'hui détruit.

Parmi les locataires du n° 1 du quai d'Orsay, il faut citer également le maréchal de camp, marquis de Chastellux, qui laissa un *Éloge d'Helvétius* et un *Traité de la Félicité publique*. Il mourut la même année que le comte d'Argental, le 24 octobre 1788. L'un de ses descendants, M. le comte de Chastellux, a publié, en 1875, un recueil de notes très précieuses, dans lesquelles on retrouve la substance d'un grand nombre d'actes brûlés pendant la Commune de 1871. Ces notes ont été puisées dans les archives de l'état-civil de Paris.

Sous la Restauration, le peintre Robert Lefèvre, *élève de Regnault,* habita aussi cet immeuble. Il devint fou à la suite de la Révolution de 1830 et de l'exil de la famille Royale, à laquelle il était extrêmement attaché. On a de lui les portraits de *Napoléon Ier sur son trône, de Mme Lætitia, de Marie-Louise, de Malherbe, de la duchesse d'Angoulême, de Louis XVIII,* etc.

Enfin l'heureux auteur du *Monde où l'on s'ennuie,* M. Edouard Pailleron, exproprié de l'hôtel de Chimay, habite, depuis 1886, le premier étage du n° 1 du quai d'Orsay. C'est un délicieux intérieur, nous dit un des familiers de la maison (1), où se révèle, jusque dans les moindres détails, la vivante personnalité d'un artiste doublé d'un gentleman ; et notre *cicerone,* désireux de nous montrer les marbres, les bronzes, les toiles et les bibelots du maître, nous invite à le suivre tout d'abord dans le cabinet de travail.

De lourdes tapisseries des Gobelins en réduisent les proportions quasi-colossales et lui donnent un aspect d'intimité propice au travail intellectuel.

Une immense bibliothèque en chêne sculpté garnit un des panneaux : en face, s'élève une cheminée monumentale, avec une rampe

1. Parisis. *Figaro* du 22 janvier 1886.

de balcon superbement ouvragée, pour garde-feu. Tout le long des murs courent des frises en bois doré, débris de pagodes chinoises, qui jettent sur le fond un peu sombre de la décoration une note éclatante. Du plafond tombe un magnifique lustre hollandais, sur lequel on lit cette dédicace curieuse : « Dédié par Michael et Hélène de Bragard à la sainte Vierge et à saint Joseph. » Cette Hélène de Bragard est une aïeule de Mme Ferdinand de Lesseps, dont la famille s'était réfugiée en Hollande après la révocation de l'édit de Nantes.

Partout des souvenirs : un plat cloisonné, donné par le malheureux commandant Rivière à son ami Pailleron, la veille de son départ pour le Tonkin ; la clef de l'église de Magenta, prise à même la serrure par le futur académicien, alors qu'il suivait en amateur la campagne franco-italienne ; et, pendus au bout d'une ficelle, des débris de verre calcinés, de ferrailles tordues au feu, dont la présence détonne parmi tant de merveilles. C'est tout ce qui reste à M. Pailleron de sa maison incendiée de la rue de Rivoli.

Le cabinet de travail communique avec un salon blanc et or, dont le meuble est recouvert d'admirables tapisseries des Gobelins. Sur une console, deux vases de Sèvres, avec sujets empruntés à l'œuvre de Cabanel et de Baudry. Entre les deux fenêtres, se dresse une délicieuse baigneuse en marbre blanc, de ce pauvre Schœnewerk, dont on connaît la fin tragique.

Suivent trois salons en enfilade, trois musées remplis de toiles de maîtres ; John Sargent y a peint le maître du logis, Mme Pailleron et leurs deux enfants ; Largillière y est représenté par un admirable portrait de femme ; puis des Heilbuth, des Vibert, des Bayard, des Guillemet, des Bouguereau, des Fromentin, des Harpignies, des Lambert ; quelques jolis dessins de G. Droz, qui, avant d'être un virtuose de la plume, fut un virtuose du pinceau. Nous passons sur les bibelots rares, les meubles de prix, les curiosités artistiques.

Enfin, nous arrivons à la salle à manger et à la salle de billard, qui en est la suite naturelle. Aux murs, tendus d'étoffes de Chine et du Japon, sont accrochées des panoplies superbes, et, avec de délicieuses faïences de Deck, alternent des croquis et des aquarelles signés Delacroix, Gleyre, Heilbuth, Charles-Jacques Renouard, Harpignies, Mouginot, etc. La perle de la collection est un dessin de Cham, qui rappelle tristement le souvenir de ce bon, de ce spirituel Louis Leroy, dont la mort a fait un si grand vide parmi les habitués de la maison. Ce dessin représente le pauvre garçon, mis en faraud de village, la blouse béante, la casquette sur l'oreille et le cigare aux dents. Dans le fond, la silhouette d'un gendarme. Au bas cette légende : « Pourquoi ce gendarme ? cet artiste est incapable de mauvais dessins. »

Nous ne quitterons pas le n° 1 du quai d'Orsay sans nous arrêter un instant au *Café d'Orsay,* dont l'origine remonte assez loin, car il a succédé au bureau des voitures dites de la Cour, qui, sous Louis XVI, occupaient le rez-de-chaussée. Ces voitures conduisaient les Parisiens à Versailles, à Saint-Germain, à Fontainebleau, à Compiègne, et le prix demandé pour les deux premières localités était de 4 livres, 12 sols ! Sous le second empire, le café d'Orsay fut le rendez-vous des officiers de cavalerie, des membres du Corps Législatif, des fonctionnaires en congé. Après le 4 septembre, il dut fermer faute de consommateurs. Ceux-ci reparurent un instant après la Commune. Mais les beaux jours d'autrefois étaient définitivement passés : l'huissier et le commissaire-priseur ont procédé, il y a quelques mois, à la vente du matériel.

Quelques historiens racontent qu'en 1848 G. Sand harangua le peuple d'un des balcons de ce café. C'est une erreur. Voici du reste la lettre que nous a adressée à ce sujet le fils du célèbre écrivain :

« Mon cher Duplomb,

« Il est complètement faux que ma mère ait harangué la foule au quai d'Orsay. C'est une dame A... qui, le 15 mai 1848, était dans le dit café et faisait de la révolution parlementaire. Quelques imbéciles, en la voyant, crurent ou firent une farce aux autres badauds en criant : « Vive George Sand. » La bonne dame, enchantée d'être prise pour ma mère, salua la populace, et, entre plusieurs bocks, se paya plusieurs speachs. Je l'ai vue et entendue parce qu'un des badauds, là présent, m'a pris à partie en me disant : « Venez donc crier vive George Sand ! » Moi de rire de la fumisterie en disant : « Ce n'est pas George Sand, c'est Mme A..., femme de lettres. « Quant à George Sand, je la connais bien, puisque c'est ma mère. »

« Votre père a dû vous raconter la chose, car j'étais avec lui ce jour-là, le 15 mai, à l'assaut de l'Assemblée nationale, d'où nous avons été pour prendre les canons de l'École militaire, où nous n'avons rien pris, que des bocks en route, et d'où nous nous sommes rabattus sur l'Hôtel de Ville. Journée mémorable et des plus hilarantes que j'ai passées.

. . . .

« Maurice SAND. »

C'est au café d'Orsay qu'arriva, en 1878, à une dame bien connue, une aventure *assez piquante*. Surprise par son mari, avec le prince d'O..., la trop folâtre légitime dut, pour éviter le flagrant délit, se déguiser en petit pâtissier ; puis, une manne sur la tête, ses habits dans la manne, elle passa fièrement devant son mari, qui ne se doutait guère que ce petit bonhomme en veston blanc était celle qu'il

L'hôtel de Mailly.

(D'après un dessin à la plume de M. Vaucanu.)

cherchait. La dame alla reprendre les habits de son sexe chez la caissière de l'établissement.

Un procès suivit. La pécheresse fut acquittée.

Elle fut, paraît-il, moins heureuse quelques années plus tard.

Enfin, avant de quitter cet endroit, n'oublions pas de rappeler que, sur la berge de la Seine, là où nous avons tous connu la *frégate*, se trouvaient sous Louis XVI, les bains Guignard. Les pauvres y étaient admis gratuitement, moyennant un certificat de leur médecin ou de leur curé (!!).

En face du café d'Orsay, sur l'emplacement actuellement occupé par le n° 1 de la rue du Bac, s'élevait l'hôtel *de Mailly*, avec deux entrées, l'une sur la rue du Bac, l'autre sur la rue de Beaune. Cet hôtel, qui fut construit par le marquis de Mailly (1), n'avait rien de

1. Le vieux marquis de Mailly mourut dans la belle maison qu'il avait bâtie au bout du Pont-Royal, dit Saint-Simon, et laissa plus de 60.000 écus de rente en fonds de terre. Sa femme, qui avait alors quatre-vingts ans et qui lui survécut encore longtemps, était devenue héritière de tous les biens de sa maison qui était Montéravel. (T. VI, p. 203.)

remarquable : il était grand et peu régulier, très sobre d'ornements à l'extérieur et à l'intérieur. Les meubles étaient également fort ordinaires, si l'on en croit G. Brice. Son principal agrément était sa situation : de la terrasse du jardin, qui s'étendait le long du quai, entre les deux ailes, on découvrait une vue vraiment superbe.

C'est dans cet hôtel, appartenant alors à son père (1), que Mme de Châteauroux, accompagnée de sa sœur, Mme de Lauraguais (2), se réfugia vers le milieu de l'année 1744. Louis XV était alors malade à Metz, et la favorite, qui l'avait suivi, avait dû quitter cette ville à la suite d'intrigues dirigées contre elle par le ministre Maurepas. Hâtons-nous de dire que la brouille entre les deux amants fut de très courte durée. Quelques mois s'étaient à peine écoulés, que le roi, à peu près guéri, rentrait à Paris pour demander pardon à sa maîtresse. Et comme cela ne suffisait pas à l'altière duchesse qui exigeait une expiation proportionnée à l'humiliation qu'on lui avait fait subir, Louis XV, toujours amoureux et toujours faible, imposa à Maurepas la honte d'aller en personne annoncer à Mme de Châteauroux son rappel à la cour.

Dans leur intéressante étude sur la *Duchesse de Châteauroux et ses sœurs,* MM. de Goncourt racontent cette visite du ministre à la favorite :

« Il y eut d'abord un silence pendant lequel Mme de Châteauroux considéra Maurepas sans un salut, sans une parole, et donna aux ressentiments de sa vanité de femme le spectacle et la pâture de l'embarras du ministre. Maurepas, un moment déconcerté, lui remettait le billet du roi, en lui disant que le roi la priait de venir reprendre avec sa sœur leurs places à la cour, et le chargeait de l'assurer qu'il n'avait aucune connaissance de ce qui s'était passé à son égard pendant sa maladie à Metz.

« Mme de Châteauroux répondit :

« J'ai toujours été persuadée, Monsieur, que le roi n'avait aucune
« part à ce qui s'est passé à mon sujet. Aussi je n'ai jamais cessé
« d'avoir pour Sa Majesté le même respect et le même attachement.
« Je suis fâchée de n'être pas en état d'aller dès demain remercier le
« Roi, mais j'irai samedi prochain, car je serai guérie. »

« L'infinie jouissance au fond de l'orgueilleuse femme, quand, la dure commission faite, Maurepas cherchait à se défendre des préventions qu'on avait pu donner contre lui..., avouait son embarras ;

1. Le vieux maréchal de Mailly, qui fut guillotiné pendant la Révolution, à Arras, à l'âge de quatre-vingt-six ans.

2. Diane-Adélaïde de Mailly-Nesle, née en 1714 et mariée à Louis duc de Brancas, dit duc de Lauraguais. Morte le 30 novembre 1769.

aveu qui faisait venir sur les lèvres de la duchesse « qu'elle le croyait « bien », avec une intraduisible intonation. Et de quel air encore et avec quel « cela ne coûte pas cher », faisait-elle l'aumône de sa main à baiser à Maurepas, prenant congé et sollicitant cette faveur. »

Quelques jours après cette visite, le 8 décembre 1744, Mme de Châteauroux expirait à l'âge de vingt-sept ans. On crut à un empoisonnement ; mais, en présence du témoignage de Vernage, son médecin, et des constatations révélées par l'autopsie, aucun doute n'est permis à cet égard. Elle est morte d'une fièvre putride, avec transport au cerveau.

De l'hôtel de Mailly, il ne subsiste plus aujourd'hui que l'*aile gauche* (côté de la rue de Beaune), transformée dans certaines parties et un peu agrandies dans d'autres par quelques constructions légères. Nous y trouvons, comme locataires, au XIXe siècle, l'amiral de la Crosse, le comte de Flavigny, Considérant, libraire et fouriériste, le journal *la Démocratie pacifique,* le Cercle agricole dit des *Pommes de terre,* qui fut fondé en 1835 et qui a quitté cet immeuble pour s'installer dans le magnifique hôtel bâti au débouché du boulevard Saint-Germain, près du Palais-Bourbon.

La chambre à coucher dans laquelle est morte Mme de Châteauroux existe encore. Elle a servi de salle de billard au Cercle agricole ; elle sert de salon aujourd'hui.

Les dimensions de cette chambre sont très ordinaires : elle a 5 m. 25 de largeur, 6 m. 80 de longueur et une hauteur totale de 4 m. 86, y compris la corniche, qui a 0 m. 72. Les boiseries sont dorées et à fond *blanc*. Mais elles ne datent pas toutes du XVIIe siècle : certaines parties en ont été refaites, il y a quelques années, sur l'ordre de M. Richard-Bérenger, membre du Conseil général de l'Isère, locataire de l'immeuble, et à l'obligeance duquel nous devons ces renseignements.

Le morceau capital de cette chambre est le plafond, doré également, mais à fond *bleu*. Il est parfaitement conservé. On l'attribue à Béraire ou à Daniel Marot, de préférence à ce dernier. A chaque angle se trouve un médaillon représentant un sujet différent et entouré d'une devise :

L'amour attachant un lion : Amor solo mi potea donare.
Seulement l'amour ne pouvait dompter.
L'amour entraînant des lions : Amor uniscet pii Rubelli.
L'amour unit les plus rebelles.
L'amour décochant ses traits : Chi resiste à tal Vincitor.
Qui résiste à tel vainqueur.
L'amour tenant un aigle : Catene avauto pii soavi tanto pii strette.
Plus les chaînes sont serrées, plus elles sont douces.

Entre ces médaillons alternent d'autres médaillons plus grands, surmontés d'une couronne de marquis, cachet du propriétaire. Une superbe rosace occupe le milieu.

L'aile droite de l'hôtel de Mailly a subsisté jusqu'en 1881 : elle

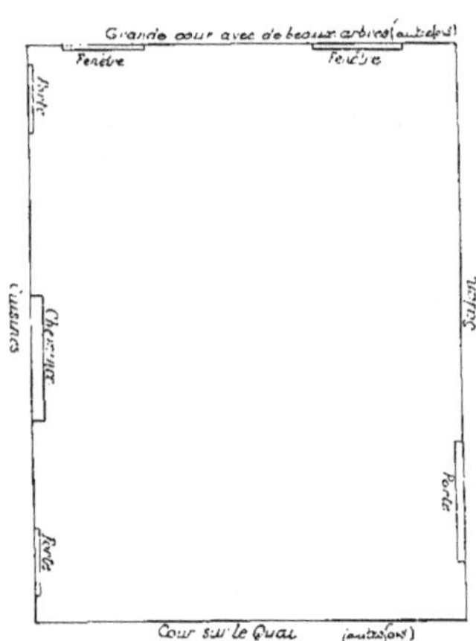

Dispositions générales de la chambre à coucher de la duchesse de Châteauroux.

portait alors le n° 1 de la rue du Bac. Elle fut démolie à cette époque avec l'ancien 5, pour donner à cette partie de la rue une largeur de 13 mètres (1). La circulation est des plus actives en cet endroit, par suite du débouché de la rue du Bac sur le Pont-Royal, et ces expropriations s'imposaient depuis longtemps.

Ajoutons enfin, que sur le terrain occupé autrefois par la terrasse et le jardin de l'hôtel de Mailly s'élèvent l'hôtel du *Journal officiel* et des maisons de rapport.

A l'exception de l'ancien n° 1 (ex-aile droite de l'hôtel de Mailly), de l'ancien 5 et de l'immeuble qui fait le coin du quai d'Orsay (maison n° 1), tous les autres immeubles furent ou très sérieusement endommagés par le feu en 1871 ou entièrement brûlés. Ils portaient les mêmes numéros qu'aujourd'hui : 3, 4, 6, 7, 9, 11. La maison qui touche le n° 4, et dans laquelle on accède par le n° 1 du quai d'Orsay, fut également détruite par l'incendie.

La reconstruction de tous ces immeubles date de 1874 à 1876.

1. V. appendice n° 5. — Cette largeur de 13 mètres est celle qui a été fixée par l'ordonnance royale du 17 juin 1829; elle devait être de 10 mètres (décision ministérielle du 2 thermidor an V).

Plafond de la chambre à coucher de la duchesse de Châteauroux.

(Pl. LXXX, XVIIe siècle. — Librairie Firmin-Didot.)

Aucun souvenir historique ne se rattache, croyons-nous, aux maisons incendiées pendant la Commune de 1871. Nous rappellerons seulement que l'ancien 9 était une maison garnie, dans laquelle avaient demeuré la comtesse Dudoignon, dame d'honneur de la duchesse d'Angoulême (1); l'abbé Poirier, un des chapelains de Charles X; le maréchal de Saint-Arnaud, alors qu'il n'était que sergent-major; enfin le petit comte de Clercy, page du petit duc de Bordeaux, et sa famille.

En 1871, après l'incendie, cette partie de la rue du Bac présentait un aspect vraiment lugubre : ici, un entassement infranchissable de débris calcinés, encadré d'un mur immense mis à nu, au sommet duquel était accrochée une cheminée portant encore sa pendule; là, des fenêtres élargies et béantes, des restes de planchers chancelants, des carcasses d'escaliers, dont les ferrures tordues avaient pris les formes les plus fantastiques; partout des décombres fumants, partout la ruine.

A l'angle des rues du Bac et de Lille, on vit, pendant quelque temps, placée, sur un pavillon bâti à la hâte, une tête de marbre, au-dessous de laquelle on avait écrit la date néfaste : 1871. C'est tout ce qui restait à un amateur d'une très riche collection d'objets d'art.

Qui a donné le signal d'un pareil désastre ? Une vengeance individuelle, dit-on. Un serrurier, grand partisan de la Commune, ayant eu à se plaindre d'une blanchisseuse, ne trouva rien de mieux que de mettre le feu à la maison qu'elle habitait. Les scélérats qui s'étaient joints à lui allèrent ensuite de maison en maison prodiguant le pétrole. Mais cette version nous paraît peu vraisemblable, et nous sommes portés à croire que le feu avait été préparé d'avance et qu'il fut mis par ordre, méthodiquement.

Au n° 9, on avait établi un curieux magasin, où se trouvaient réunis un grand nombre d'objets qui avaient été fondus, calcinés, déformés. On y voyait de la vaisselle d'argent à moitié fondue; des pendules dont le mouvement et les ornements n'existaient plus que par moitié, le tiers ou le quart; des pièces d'argent de 5 francs qui ressemblaient à des pièces de 5 francs en sucre; des piles d'assiettes en porcelaine de Chine, qui ne formaient plus qu'un culot bizarre; un mousqueton dont la moitié du canon était fondue; des fragments de verreries de Bohême et de Venise.

C'est dans ce magasin que le public souscrivait au profit des malheureux incendiés de la rue.

1. Le comte et la comtesse Dudoignon ont également habité (de 1727 à 1734) au n° 38 de la rue du Bac (passage Sainte-Marie, n° 1).

Le faubourg Saint-Germain avait été occupé, dès le 19 mars, par des bataillons de Belleville, Ménilmontant et Charonne ; il fut délivré, dans la matinée du 22 mai, par le 2e corps commandé par M. le général de Cissey.

La rue du Bac incendiée.

(Commune de 1871.)

(Extrait de l'*Illustration*. Dessin de Clerget.)

CHAPITRE II

DE LA RUE DE LILLE A LA RUE DE VERNEUIL

Barbier, contrôleur général des forêts de l'Isle de France, dont nous avons déjà parlé, était un des plus grands propriétaires du faubourg Saint-Germain, et, en bon spéculateur, il ne négligeait rien qui pût donner de la valeur à ses terrains. Possédant tout l'îlot compris entre les rues de Lille, de Beaune, de Verneuil et du Bac, îlot qui provenait du parc de l'hôtel de la reine Marguerite, vendu en 1622 (1), il le transforma en une halle, entourée de vingt-six maisons ou échoppes.

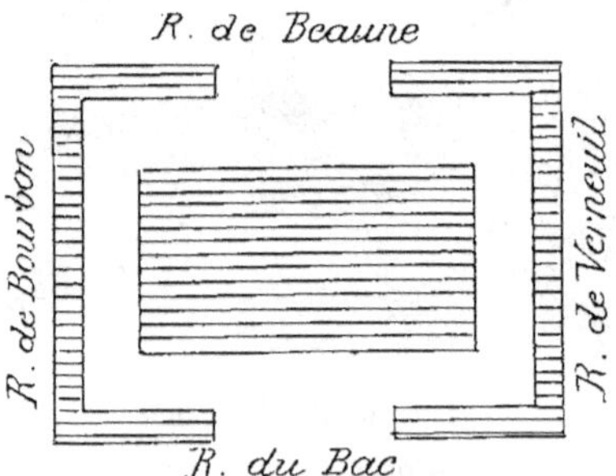

D'après les plans de Gomboust et de Jean Boisseau (1652-1654), *la halle Barbier*, qui était également connue sous le nom de *halle aux prés aux Clercs*, était à peu près placée au centre de l'îlot dont nous venons de tracer les limites : les maisons qui l'entouraient formaient un carré ouvert de deux côtés, rue de Beaune et rue du Bac. (Fig. ci-dessus.)

1. *L'hôtel de la reine Marguerite*, première femme de Henri IV, par Ch. Duplomb. Paris. Willem. 1881.

Pendant de nombreuses années, ce fut le lieu de promenade et de réunion des escholiers de l'Université.

La halle Barbier fut achetée par la Ville en 1659, pour y élever un hôtel destiné à loger les Mousquetaires gris, dont la première compagnie, dite des Mousquetaires noirs, casernée dans le faubourg Saint-Antoine, rue de Charenton, avait été créée par Louis XIII, sous le nom des *grands Mousquetaires du Roy pour sa garde*. Ces mousquetaires gris et noirs, ainsi nommés parce qu'ils montaient les uns des chevaux gris, les autres des chevaux noirs, étaient l'élite de la jeune noblesse du royaume et la pépinière de nos officiers généraux. Ils servaient à pied et à cheval, s'habillaient, s'armaient et s'équipaient de tout à leurs dépens.

De la rue de Lille à la rue de Verneuil, d'après le plan de Turgot (1734-1739).

L'*hôtel des Mousquetaires gris* ne fut achevé qu'en 1671 (1). Mais, soit qu'il n'eût pas été bâti avec solidité, ou que les eaux, en pénétrant dans l'intérieur, en eussent miné les fondements, il menaçait déjà ruine en 1707 (2). On étudia alors sa reconstruction sur le quai d'Orsay. Ce projet, tout d'abord abandonné, fut repris en 1717 (3), et tout faisait supposer qu'il serait exécuté, car le duc d'Antin, surintendant des bâtiments du Roi, avait acheté de Jacques Descombeaux, docteur en théologie de la Faculté de Paris, une place de cinq mille deux cent quatre-vingt seize toises et les architectes Cotte et Beausire avaient été chargés d'établir les plans du nouvel établissement. Mais les choses en restèrent encore là et les Mousquetaires gris continuèrent à habiter la rue du Bac.

Les deux compagnies furent licenciées en 1775. Elles ne se composaient plus que de deux cents hommes, après en avoir compté trois cents en 1663 et deux cent cinquante en 1668.

1. Il y a lieu de remarquer que les plans de Jouvin et de Bullet, publiés quatre à cinq ans après, n'indiquent pas cet hôtel, et que celui que fit paraître de Fer en 1692, ne mentionne qu'un très petit hôtel, placé de l'autre côté de la rue, où il n'a jamais été du reste.

2. Voir appendice n° 6.

3. L'acte est du 31 octobre 1717, confirmé et homologué par lettres patentes du 12 février 1718, enregistrées au Parlement le 19 mars suivant.

Deux ans après ce licenciement, une déclaration du Roi, donnée à Versailles le 19 avril 1777 et enregistrée au Parlement le 20 juin suivant (1), ordonnait la vente des deux hôtels jadis occupés par les Mousquetaires gris et noirs. Une réserve toute particulière était faite en ce qui concerne l'immeuble de la rue du Bac : « Voulons que, pour l'hôtel sis dans le fauxbourg Saint-Germain, la vente en soit, par préférence, faite à ceux qui se soumettroient à la condition d'y construire un marché avec bâtimens autour, auquel cas Nous nous engageons à leur en accorder la faculté et droits à y percevoir par les portiers, placiers, balayeurs et netoyeurs, conformément au tarif qui en seroit arrêté en notre Conseil » (2).

Ce fut à cette condition que l'hôtel des Mousquetaires gris fut adjugé, le 6 août 1778, à François-Antoine Rubit, l'aîné, négociant à Paris, qui le revendit un an après au marquis de Boulainvilliers, président honoraire en la Cour de Parlement, prévôt de la Ville de Paris et conservateur des privilèges royaux de l'Université.

L'établissement d'un marché en cet endroit rencontra quelque résistance de la part des religieux de l'abbaye de Saint-Germain des Prés. « Mais, considérant le dit emploi du terrein dudit hôtel comme le plus avantageux qui puisse être fait pour l'utilité des habitans dudit quartier, et même comme y devenant de jour en jour plus nécessaire par l'accroissement considérable que le quartier a reçu », le Roi, par lettres patentes, données à Versailles au mois de novembre 1780 (3), décida qu'il serait passé outre aux protestations de l'Abbaye.

Le marché fut donc établi et il prit le nom de son fondateur. L'ouverture en fut faite au mois de février 1781. Il se composait d'un immense bâtiment carré, séparé, en deux parties égales, par un autre bâtiment transversal. Le curé de Saint-Sulpice vint le bénir, entouré de tout son clergé.

Le marché Boulainvilliers rendait de nombreux services à la population de ce quartier. Il y eut donc de légitimes protestations, quand, en 1843, on décida sa suppression. Pourtant, on ne saurait méconnaître qu'un marché en cet endroit, au débouché de la rue du Bac et du Pont-Royal, était une cause de très sérieux embarras au point de vue de la circulation, et, pour ce motif, nous estimons que sa suppression s'imposait. Mais, il restait une solution à adopter : celle de construire un autre marché dans l'une des rues avoisinantes, moins passagères. Malheureusement ce qui était possible il y a une

1. Voir appendice n° 7.
2. Cette réserve figurait déjà dans l'acte du 8 octobre 1707.
3. Voir appendice n° 8.

vingtaine d'années, nous paraît bien difficile à exécuter aujourd'hui.

Les maisons du côté droit de la rue du Bac, portant les n°s 8, 10 (cette maison a appartenu à un peintre éminent de l'école classique, M. Hersent, mort en 1860), 12, 14, 16 et 18, ne présentent rien d'intéressant à notre connaissance.

CHAPITRE III

DE LA RUE DE VERNEUIL A LA RUE DE L'UNIVERSITÉ

Entre les rues de Verneuil et de l'Université, nous trouvons huit maisons : quatre à gauche (n°s 19, 21, 23 et 25); quatre à droite (n°s 20, 22, 24, 26).

Le n° 19, dont la construction date vraisemblablement du commencement du XVIIIe siècle, fut acheté en 1749 (1), moyennant la somme de 80.000 £, par le Séminaire de Saint-Sulpice, qui possédait, en outre, dans la même rue, d'autres immeubles, ainsi qu'en témoignent les titres conservés aux Archives nationales. Dans les différents actes qui la donnent à bail (25 février 1741, 23 janvier 1775), notre maison est ainsi écrite :

« Une grande maison sise... rue du Bac au coin de la rue de Verneuil... consistant en un corps de bâtiment faisant face sur lesdites deux rues, distribué au rez-de-chaussée en une grande boutique ou chantier régnant dans toute la longueur de la rue de Verneuil, en partie planchée et en partie pavée, une cuisine et une petite cour, une salle lambrissée de menuiserie et plafonnée, sur la cheminée de laquelle est une glace appartenant à la maison, une allée à côté de la dite salle, dont la porte d'entrée est dans la rue du Bac, grand escalier, grande cour ensuite, dans laquelle est un puits mitoyen avec la maison voisine, au bout de la dite cour un petit édifice couvert d'ardoise et de tuiles dans lequel est un petit escalier se dégageant au-dessus du rez-de-chaussée sont quatre étages de onze pièces chacun dont le quatrième est lambrissé, dix greniers au-dessus, sous les dits bâtiments sont les caves auxquelles on descend par un escalier qui est dans la cour, les dites caves divisées en plusieurs

1. Cette maison était alors « en la censive et mouvance de l'abbaye de Saint-Germain des Prés et envers elle chargée de tels cens et droits seigneuriaux qu'elle pouvait avoir, dont les parties n'ont pu déclarer la quotité... et sans autres charges, ni redevances quelconques ».

caveaux, auxquelles on communique par un corridor garni de planches et cloisons. »

C'est également vers 1700, que fut construit le n° 21 (ex-17) (1). Cette maison était à peine terminée, quand Charles-Jean-François Hénault, chevalier, seigneur de Saint-Denis-le-Chiboust-Estlan et autres lieux, conseiller du Roi, président de la Chambre des enquêtes du Parlement, demeurant à Paris, place Louis-le-Grand, en devint acquéreur moyennant la somme de 95.000 £. Il la loua presque aussitôt à M. le Queingois, lieutenant-général des armées du Roi.

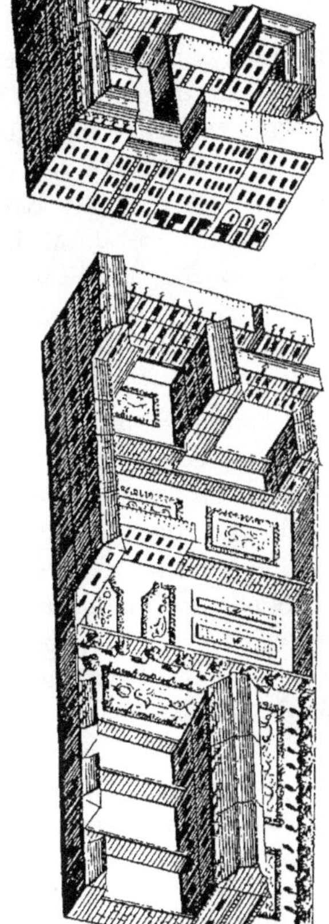

De la rue de Verneuil à la rue de l'Université, d'après le plan de Turgot (1734-1739).

Les n°s 23 et 25 sont indiqués sur le plan parcellaire du baron de Molina, comme ayant appartenu : le premier, à M. de Robesy; le second, à M. Le Camus. Plus tard, sous Louis XVI, le n° 25 fut habité par le comte d'Entraigues, neveu du comte de Saint-Priest, qui fut envoyé en 1789 à l'Assemblée nationale par l'ordre de la noblesse du Bas-Vivarais. Esprit essentiellement mobile, sa popularité fut de courte durée : on l'accusa bientôt et publiquement d'apostasie. Il émigra d'abord en Suisse, puis en Italie et c'est là que, le 29 décembre 1790, il se maria secrètement avec sa maîtresse, la célèbre chanteuse de l'Opéra, la Saint-Huberty.

Après une vie des plus agitées (on en trouvera tous les épisodes dans la biographie de la grande artiste par M. Ed.

1. Cette date est celle qui semble résulter du reçu qui nous a été très obligeamment communiqué par M. Charpentier, propriétaire actuel de cette maison. En voici la teneur :

« Je soussigné fondé de procuration de Son Em. Mgr le Cardinal de Bissy, évêque « de Meaux, abbé de l'abbaye royale de Saint-Germain des Prés, passée devant Meunier « et son confrère, notaires à Paris, le 10 avril 1729, dont il y a minutte :

« Confesse avoir reçu de M. le président Hénault, propriétaire d'une maison sise « grande rue du Bacq, la somme de vingt un sol un denier pour vingt-neuf années échues « au jour saint Rémy mil sept cent vingt huit, à cause de sept deniers parisis de ceus

de Goncourt) (1), les deux amants se retirèrent dans un des faubourgs de Londres, à Barnes-Terrace. Ils y furent assassinés le 22 juillet 1812, par un de leurs domestiques, Piémontais d'origine, nommé Lorenzo. Cet assassinat mystérieux, sur lequel la lumière ne sera peut-être jamais faite, a donné lieu à bien des suppositions et à de nombreux commentaires; et ce n'est probablement qu'une vengeance italienne de domestique.

Nous rappellerons enfin que c'est près du n° 25 que le général Bedeau, qui habitait rue de l'Université, n° 50, fut arrêté au coup d'État de 1851. « Des citoyens accoururent dans l'intention de lui prêter main forte, dit M. Eug. Ténot; mais une nuée de sergents de ville déboucha, l'épée à la main, de la rue du Bac et dispersa les groupes (2). »

Traversons la rue : nous trouverons encore de ce côté quelques souvenirs historiques.

A l'angle de la rue de Verneuil, était l'hôtel d'Aiguillon, avec entrée sur cette dernière rue. M. le comte d'Haucourt, qui cite cet hôtel (3), lui donne, comme locataires en 1750, Vignerot du Plessis, duc d'Aiguillon, et, en 1785, Cely d'Astorg.

Venait ensuite l'hôtel de Ligny.

Au n° 24, est mort en 1884, le général Schramm, un des derniers survivants de la grande épopée Napoléonienne. Engagé volontaire, il prit part aux batailles d'Austerlitz, de Wagram et d'Essling, à la campagne de Russie, à celle de Saxe, pendant laquelle il fut promu colonel pour avoir enlevé le camp retranché des Prussiens à Lutzen.

C'est alors que Napoléon lui conféra le titre de baron. A la suite de la bataille de Dresde, il fut nommé général de brigade; il n'avait pas vingt-quatre ans.

Après la chute de Napoléon, il ne reparut sur la scène politique qu'en 1830. Fait successivement conseiller d'État et général de division, il siégea à la Chambre des députés et à la Chambre des pairs. Nommé ministre de la Guerre en 1850 par le Prince-Président, il refusa de contresigner la révocation du général Changarnier et donna sa démission.

Enfin, en janvier 1852, il entrait au Sénat, où il siégea jusqu'au 4 septembre.

« et de rentes dont la dite maison et lieux sont chargés envers la dite abbaye, dont je le « quitte sans préjudice des arrérages échus depuis et autres droits de la dite abbaye. « Fait en 14ᵉ jour de Juin mil sept cent vingt-neuf. Signé : MOUGINOT. »

1. *Mme Saint-Huberty*, Charpentier. 1 vol.
2. *Paris en décembre 1851.*
3. *Les anciens hôtels de Paris avant 1789.*

Depuis 1870, le général Schramm vivait dans une retraite silencieuse; beaucoup, parmi la jeune génération, ignoraient même son nom, lorsqu'un vol commis dans le château de la Courneuve, près Saint-Denis, reporta l'attention sur ce brave.

La maison qui porte le n° 26 de la rue du Bac (au coin de cette rue et de celle de l'Université), est de construction récente. Celle qui l'a précédée est indiquée sur le plan du baron de Molina comme ayant appartenu à M. de Rambour.

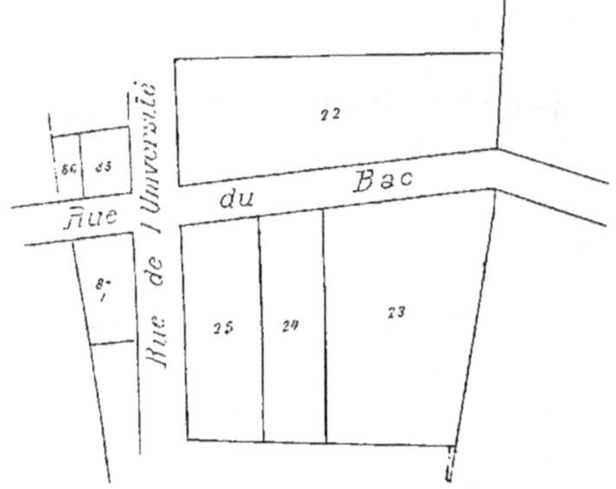

Plan parcellaire dressé, en 1753, par le baron de Molina, d'après l'arpentage de Girard, et présentant, à cette date, l'état de lotissement des terrains que l'Université et l'Abbaye se sont si longtemps disputés. (Extrait de la *Topographie du vieux Paris,* par Berty.)

22. Hôtel de l'Université. — 23. Hôtel de Volbele. — 24. M. de Nicolaï. — 25. M. Le Rebours. 85. M. Le Camus. — 86. Partie de maison à M. de Robesy. — 87. M. de Rambour.

Le baron Charles Dupin, le second des trois Dupin, est mort dans cette maison le 18 janvier 1873, à l'âge de 89 ans. Il était membre de l'Institut et sénateur.

Ancien ingénieur de la Marine, ce fut lui qui fonda le musée maritime de Toulon.

Le baron Ch. Dupin se montra également dévoué à toutes les dynasties : à l'Empire, à la Restauration qui le fit baron ; au Gouvernement de juillet qui le nomma conseiller d'État, ministre de la Marine et pair de France ; à Napoléon III qui l'envoya siéger au Sénat.

CHAPITRE IV

DE LA RUE DE L'UNIVERSITÉ AU BOULEVARD SAINT-GERMAIN

Noviciat général de l'Ordre de Saint-Dominique en France; maisons particulières qui en dépendaient.

Le 5 juin 1632, quelques Jacobins, venus de Rome avec Nicolas Radulphi, leur général, pour y fonder un troisième établissement de leur Ordre, achetèrent de Jacques Lefebvre et de Pierre Picard, un clos renfermant une maison et un jardin, clos qui se trouvait à l'angle du *Chemin des Vaches* (rue Saint-Dominique) et de la rue du Bac.

Cet établissement, dont le titre, autorisé par lettres patentes du 4 août de la même année, était celui de *Noviciat général de l'Ordre de Saint-Dominique en France,* fut tout d'abord de très modeste apparence; mais, protégé par le cardinal de Richelieu, enrichi de ses dons et de ceux des fidèles, il ne tarda pas à s'agrandir. En 1682, les Jacobins remplacèrent leur trop étroite chapelle, « leur longue sale » comme l'appelle Dubreuil, par l'église que nous voyons aujourd'hui; puis ils firent élever, sur les dessins de l'architecte Pierre Bulet, des bâtiments pour leur communauté et, autour de ces bâtiments, de grandes et belles maisons qu'ils louèrent à des particuliers.

LE NOVICIAT

Le plan de Turgot nous donne une idée très exacte de ce qu'était, au XVIIIe siècle, les bâtiments composant le noviciat des Jacobins. L'entrée principale, fermée par une grille, donnait sur la rue Saint-Dominique, en face de l'hôtel de Luynes (1), que le percement du

1. Cet hôtel, construit par le Muet, était considérable. Thierry, dans son *Guide des étrangers voyageurs à Paris,* en fait une description très détaillée, ainsi que des richesses qu'il contenait. A l'exception des deux avant-corps et de la cour, qui ont été détruits lors de l'achèvement du boulevard Saint-Germain, l'hôtel est resté ce qu'il était et a conservé ce jardin verdoyant qu'on entrevoit à travers les portes vitrées du vestibule.

boulevard Saint-Germain a, en partie, démoli. Cette entrée (de nos jours la rue Saint-Thomas d'Aquin) conduisait à une place demi-circulaire et plantée d'arbres (la place Saint-Thomas d'Aquin), à laquelle on accédait par une autre entrée, celle-là plus petite, également fermée par une grille et qui donnait sur la rue du Bac. Cette seconde entrée est aujourd'hui la rue Gribeauval (1). Enfin, une

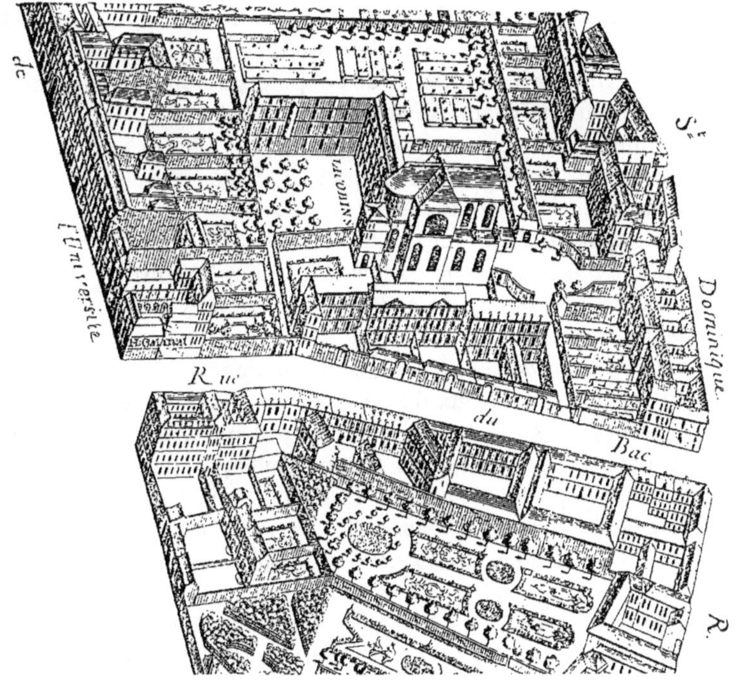

De la rue de l'Université au boulevard Saint-Germain, d'après le plan de Turgot. (1734-1739.)

troisième entrée, sorte de petite ruelle, conduisait à une grande cour située derrière les bâtiments du noviciat : cette ruelle, qui n'existe plus, débouchait sur la rue du Bac à l'endroit même où se trouve aujourd'hui la porte principale des magasins du Petit Saint-Thomas.

1. Ce nom a été donné à cette rue en souvenir des services rendus par le général de Gribeauval, premier inspecteur de l'artillerie et l'un des fondateurs du musée primitif d'artillerie, dont les collections furent détruites presque en entier dans la journée du 14 juillet 1789. Gribeauval n'eut pas la douleur d'assister à l'anéantissement de son œuvre : il était mort deux mois avant, le 7 mai.

La première pierre de l'église fut posée le 5 mars 1682, par Hyacinthe Serroni, ci-devant religieux de Saint-Dominique, alors archevêque d'Albi, et par dame Anne de Rohan-Montbazon, duchesse de Luynes. Elle se trouva achevée, quant au gros œuvre, dès l'année suivante; mais elle ne fut entièrement terminée, telle que nous la voyons, que vers la fin de 1770. Elle fut consacrée sous le vocable de saint Dominique.

L'intérieur a 44 mètres de longueur sur 23 mètres de hauteur. Le plan a la forme d'une croix grecque. L'ordonnance se compose d'arcades encadrées par des pilastres corinthiens, qui supportent une corniche enrichie de moulures. Uue coupole surmonte le sanctuaire.

Les nombreux tableaux dont Fr. Jean André (1), de l'Ordre de Saint-Dominique, élève du maître italien Carlo Marati, avait décoré cette église ont presque tous disparu. Quatre existent encore et peuvent sûrement lui être attribués (2). Ce sont :

Saint Thomas d'Aquin (chapelle Saint-Dominique);

L'éducation de l'enfant Jésus (chapelle Saint-Joseph);

Saint Dominique expliquant ses constitutions à ses religieux (sacristie des messes);

Saint Jean Népomucène (sacristie des mariages).

Parmi les autres tableaux de cette église, tableaux qui pour la plupart datent du XIXe siècle, on en remarque deux, très anciens, qui se trouvent dans la nef (chapelles Saint-Dominique et Saint-Joseph). Ce sont les *may* présentés à Notre-Dame en 1637 et 1639 par la corporation des orfèvres : *la conversion de saint Paul,* par Laurent Lahyre, et *saint Pierre reçu par le centurion Corneille,* peinture de Aubin Vouët.

Le chœur date de 1722. Il était revêtu autrefois d'un lambris à double rang de stalles, orné de sculptures de François Romié, représentant les mystères du christianisme. Les panneaux de ce lambris, au nombre de neuf, encadraient autant de tableaux du Fr. Jean André. Sculptures et tableaux ont disparu. Il ne reste plus que le plafond peint par Lemoyne en 1724 et qui représente la transfiguration de Jésus-Christ.

Piganiol ajoute : « Dans ce chœur était un caveau où l'on enterrait les religieux de ce couvent et où l'on a transporté les ossements de ceux qui étaient morts dans la première habitation qu'ils eurent dans ce quartier. »

Ont disparu également les tombeaux de Philippe de Montault,

1. Il était né en 1663.
2. Inventaire général des richesses d'art de la France. Paris, monuments religieux.

duc de Navailles, maréchal de France, et de Suzanne de Parabeyre, sa femme; de Marguerite de Laigue, veuve du comte de Relingue. Ce dernier tombeau était l'œuvre d'Oppenord, architecte du duc d'Orléans.

La sacristie, grande et bien éclairée, est aujourd'hui ornée de panneaux en bois sculpté de l'époque Louis XV. On y voit : deux reliquaires en bois doré, un beau crucifix en ivoire sculpté et une pendule à socle fixé à la boiserie.

Enfin, l'orgue est, dit-on, le premier ouvrage du célèbre facteur Clicquot.

Parmi les religieux qui ont illustré ce couvent, il faut citer en première ligne : le P. Vincent Baran, surnommé *primi nominis Theologus*, qui eut de grandes disputes avec le fameux Lannoy et avec le P. Théophile Regnault, jésuite; le P. François Romain, architecte et ingénieur distingué, l'auteur du pont de Mastrick en Hollande, du Pont-Royal, etc.

La maison des Pères était vaste et bien bâtie. Au premier étage, dans un chœur où se faisaient les offices nocturnes, étaient cinq tableaux du Fr. André et un christ par Girault. Le réfectoire contenait un grand tableau du Fr. André, représentant le repas chez Simon le lépreux où la Madeleine parfuma les pieds du Christ, et les portraits de quelques religieux de l'Ordre, martyrisés en Chine. Dans une salle servant pour les récréations se trouvaient plusieurs portraits, dont huit par Rigaud (1), savoir : le duc de Bourgogne; le duc de Vendôme; le comte de Toulouse; le duc de Bouillon; le comte d'Évreux; l'évêque d'Angers, M. Poncet de la Rivière; le maréchal de Villars et le maréchal de Montrevel. On avait rassemblé dans une autre salle tous les dessins, esquisses et tableaux originaux du Fr. André; son portrait fait par lui-même (2) et celui du Fr. Romain tenant le plan du Pont-Royal. Enfin, une autre salle, destinée aux étrangers, contenait différents portraits en pied de Papes de l'Ordre de Saint-Dominique; ceux de Humbert Dauphin de Viennois, qui se fit également dominicain; de Charles de Valois, comte d'Alençon, qui entra dans cet Ordre et fut archevêque de Lyon; du cardinal de Richelieu. On y voyait aussi un tableau original représentant saint Louis accompagné de sa famille, recevant la sainte couronne d'épines des mains d'un prélat.

1. C'est Rigaud lui-même qui, quelques jours avant de mourir, avait légué par codicille, au « Noviciat de la rue du Bac, les huit portraits en question ». (*L'Eglise Saint-Thomas d'Aquin pendant la Révolution,* 1791-1792, par M. V. Pierre.)

2. Ce portrait se trouve au Louvre. (Salles de l'Ecole Française.)

La bibliothèque occupait au premier étage, sur la rue Saint-Dominique, un assez vaste local composé d'une grande salle et de cinq cabinets contigus. Le dernier de ces cabinets renfermait quelques estampes, des bustes, des plans et deux beaux globes exécutés par Coronnelli. Le mobilier était fort simple, il est ainsi décrit dans l'inventaire qui fut dressé en 1790 :

Trois marchepieds ;

Deux échelles à roulettes ;

Un bureau en noyer ;

Dix chaises de paille ;

Douze rideaux de croisée en toile, à carreaux, verte et blanche ;

Deux mappemondes ;

Un grand corps et trente-quatre autres corps de bibliothèque de bois de chêne, peints en jaune, la plupart grillés en fil de laiton ;

Un vieux bureau antique (1).

La déclaration faite par le prieur en 1789 ne fait remonter l'origine de la bibliothèque qu'à quinze ou vingt ans, vers 1770 (2). C'est inexact. Elle existait certainement avant, puisque le couvent acheta plusieurs volumes à la vente de la bibliothèque du collège Louis-le-Grand ; on a trouvé sur certains ouvrages le timbre du noviciat et celui du dit collège. Thierry, le seul auteur qui parle de l'existence de la bibliothèque des Jacobins, lui attribue, en 1787, vingt-quatre mille volumes. Ce chiffre est exagéré. Les religieux en déclarèrent dix à vingt mille en 1790, et, vérification faite, on en trouvera quatorze mille.

Rappelons que le duc d'Orléans, fils du Régent, avait légué en 1752 toute sa bibliothèque à l'Ordre de Saint-Dominique, sans indiquer plus particulièrement l'établissement qui devait la recevoir. Or, par une ordonnance de la même année (3), Fr. Antoine Brémond, maître général de tout l'Ordre des Frères Prêcheurs, enjoignit au R. P. André Vassal, procureur pour le royaume de France, d'accepter le

1. *Les anciennes Bibliothèques de Paris,* par Franklin.

2. « Le prieur, dans sa déclaration à l'Assemblée Nationale, dit que le bibliothécaire se proposait de faire un catalogue raisonné de la collection et qu'il avait déjà rassemblé sur cet objet plusieurs matériaux. Ceci est parfaitement exact, car nous avons retrouvé les résumés préparatoires que le P. Giraud comptait sans doute utiliser pour exécuter son travail. Nous citerons d'abord dix pages in-folio, conservées aujourd'hui aux Archives de l'Empire et qui portent en tête : *Tableau des matières littéraires dont est composée la Bibliothèque des Dominicains de la rue du Bacq, avec l'indication du format et du nombre des volumes qu'elle renferme sur chaque matière.* Enfin, la Bibliothèque Mazarine possède un manuscrit in-4° qui a pour titre : *Tableau des matières littéraires de notre Bibliothèque pour servir de répertoire en attendant le catalogue détaillé de tous les volumes dont elle est composée.* » (*Les Bibliothèques de Paris,* par Franklin.)

3. Voir appendice n° 9. Les Archives nationales possèdent de nombreuses pièces relatives au legs du duc d'Orléans.

Le Noviciat des Jesuistes nouvellement basty à la Ville Saint-Germain des Prez, auquel sont instruits ceux qui désirent estre de cette Société.
(Reproduction d'une ancienne gravure.)

legs et de faire transporter tous les livres au Noviciat de Paris. Le fonds d'ouvrages fut attribué dans la suite au couvent des Jacobins de la rue Saint-Jacques.

Le noviciat des Jacobins fut supprimé en 1790; il comptait alors vingt-et-un religieux seulement. Les tableaux et les monuments sépulcraux furent transférés au musée des Monuments français.

Par la loi du 4 février 1791, l'église devint paroissiale sous le titre de Saint-Thomas d'Aquin (1). Elle se ferma de nouveau peu de temps après *et servit de magasin de fer pour le compte de la République* (2). Elle se rouvrit pour devenir le temple de la Paix ou des théophilanthropes (loi du 11 prairial, an 3), à la tête desquels se trouvaient le père du célèbre physicien Haüy (3), l'instituteur des jeunes aveugles, et Laréveillière-Lépeaux, l'un des cinq membres du Directoire. « Le but de la théophilanthropie était d'arracher aux églises catholiques beaucoup de ces âmes tendres qui ont besoin d'épancher en commun leurs sentiments religieux (4) » et de contribuer ainsi à la chute de la religion catholique. Mais la théophilanthropie ne fit guère de prosélytes en dehors de Paris et elle ne tarda pas à s'éteindre (5).

Par un décret du 9 floréal an XI, l'ancienne église des Jacobins fut rendue au culte.

Quant aux bâtiments conventuels, ils reçurent en 1796 des armes de toutes sortes que le système de réquisition, mis en vigueur de 1791 à 1794, avait amenées dans les arsenaux et qui ne pouvaient être utilisées pour le combat. Ces armes avaient été tout d'abord réunies dans une salle de l'ancien couvent des Feuillants et c'est là que les vit le ministre de la Guerre Pétiet. Comprenant le parti qu'on

1. L'origine de ce vocable vient du souvenir de Saint-Thomas d'Aquin, qui avait professé la théologie au couvent des Jacobins de la rue Saint-Jacques. On a conservé pendant longtemps dans ce couvent la chaire de saint Thomas : elle était en bois et pour qu'elle ne soit pas endommagée par le temps on l'avait enfermée dans une autre chaire également en bois.

2. Nous avons trouvé ce renseignement dans un mémoire que le sieur Julliot, acquéreur du n° 43 de la rue du Bac, adressa en octobre 1791 aux Officiers municipaux de la Ville de Paris. M. Legrip, propriétaire du dit immeuble et à qui appartient ce mémoire, a bien voulu nous permettre de le reproduire ici. (Voir appendice n° 10.) La rédaction en est très curieuse.

3. C'est en 1784 que Haüy, né en 1745 à Saint-Just, en Picardie, imagina un plan général d'instruction pour les jeunes aveugles. Cet homme de bien mourut en 1822. L'institution des Jeunes Aveugles, située boulevard des Invalides, a été fondée par un décret de 1791.

4. Thiers. *Histoire de la Révolution Française.*

5. Il existe, en quatre volumes, l'année religieuse des Théophilanthropes et un manuel rédigé par Haüy.

En 1877, il s'est vendu une collection de pièces extrêmement intéressantes sur la Théophilanthropie et les théophilanthropes : cette collection provenait du cabinet de M. Benjamin Fillon. Les ministres du culte catholique et les théophilanthropes se parta-

en pourrait tirer un jour, ce dernier en ordonna le transport au couvent des Dominicains de la rue du Bac. On y joignit les modèles que l'ancien directeur Roland put sauver de la destruction de la Bastille et le tout fut mis sous la direction du nouveau Comité d'artillerie, constitué en vertu d'un arrêté du Comité du Salut-Public, du 9 thermidor an III (27 juillet 1795).

Les circonstances étaient du reste des plus favorables pour le développement du nouveau musée. La Révolution avait fait de nombreuses épaves provenant des anciennes demeures royales et de collections particulières. Le Comité rassembla donc tout ce qu'il put sauver de ces richesses si compromises ; puis, reprenant les idées du général Gribeauval, il invita, en vertu d'une autorisation spéciale du Ministre, certains musées de l'intérieur à lui adresser toutes les armes anciennes qui paraissaient dignes d'être conservées. Enfin, à ces sources fécondes de prospérité, vinrent bientôt s'ajouter nos guerres heureuses et des acquisitions importantes.

L'invasion de 1815 ne fit rien perdre au musée : des dispositions avaient été prises pour mettre à l'abri tout ce qu'il contenait (1). Il n'en fut pas de même en 1830. « Le 27 juillet, quelques hommes du peuple demandèrent des armes au Dépôt central. M. de Carpegna, alors conservateur, leur répondit que le musée ne possédait qu'un petit nombre d'armes modernes, que le reste se composait d'anciennes armes, hors d'usage depuis longtemps et qui ne pouvaient être d'aucune utilité. Ces explications, qui n'étaient du reste que l'expression exacte de la vérité, touchèrent le peuple qui se retira.

« Le 28, le musée avait reçu dans la nuit une garde de troupes suisses. Le peuple se présenta de nouveau, vit les soldats étrangers ;

geaient la puissance de certaines églises de Paris. *Notre-Dame* était le temple de l'être suprême ; *Saint-Gervais,* le temple de la fidélité, puis de la jeunesse ; *Saint-Médard,* le temple du travail ; *Saint-Étienne du Mont,* le temple de la piété filiale ; *Saint-Thomas d'Aquin,* le temple de la paix ; *Saint-Sulpice,* le temple du Luxembourg. Et pour que les clefs de ces temples ne soient pas confiées plutôt aux sectateurs de l'un que de l'autre secte, elles étaient déposées entre les mains des commissaires de police, qui les remettaient aux citoyens exerçant les différents cultes, aux heures fixées pour leurs cérémonies respectives. (Lettre circulaire aux commissaires de police, signée Le Tellier, 30 nivôse an VI (1798). Les théophilanthropes comptaient parmi eux un grand nombre de personnages célèbres de la Révolution. Nous citerons : Chemin, l'un des fondateurs du nouveau culte ; Goupil-Prefeln ; Sobry ; Dandolo ; Patrin ; Creusé-Latouche ; Chenier ; Andrieux ; Servan, ex-ministre de la guerre ; le général Rossignol ; Carchand, président de la Commission militaire de Lyon après le siège ; Combaz, accusateur public du tribunal révolutionnaire de Brest ; l'abbé Danjon, qui figure sur la liste de ceux qui ont demandé la concession de Notre-Dame pour l'exercice du nouveau culte ; le peintre David, etc.

1. M. Cocheris commet une erreur quand il dit : « Emballée et transportée en 1814, au delà de la Loire, cette magnifique collection revint au musée, pendant les cent jours, et fut prise en 1815 par les Prussiens. » (Cocheris, t. III, p. 180.)

une lutte courte et violente s'engagea. Les portes furent enfoncées et les salles du musée envahies. Le pillage fut complet (1). »

Pour retrouver toutes les richesses perdues, le gouvernement pensa qu'il suffirait de faire appel à l'honnêteté de la population parisienne, et, dès le lendemain, il fit placarder l'avis suivant :

AVIS AU PUBLIC

« Des armes antiques, qui ne peuvent plus être employées aujourd'hui, des casques, des boucliers, des armures, des modèles en petit de tout ce qui concerne l'art militaire, et quantité d'autres objets précieux par leur antiquité, par leur valeur et par leur travail, ont été enlevés du Musée d'artillerie. Les personnes entre les mains desquelles se trouvent ces objets sont invitées, au nom de l'honneur, à les rapporter au Dépôt central de l'Artillerie, place Saint-Thomas d'Aquin. »

Cet appel fut entendu et presque toutes les armes furent réintégrées au musée.

En 1848, on n'eut à déplorer aucune soustraction. En 1870, les collections avaient été éloignées de Paris; elles n'y rentrèrent qu'en septembre 1871.

Le musée d'artillerie qui est, dit-on, le plus complet de l'Europe, a été transféré depuis à l'hôtel des Invalides. Les salles laissées vacantes sont occupées par le dépôt central d'artillerie, l'une des annexes les plus importantes du Ministère de la guerre.

MAISONS PARTICULIÈRES, EN FAÇADE SUR LA RUE DU BAC, QUI ÉTAIENT LOUÉES PAR LES JACOBINS

Ces maisons portent aujourd'hui les nos 33, 35, 37, 39, 41, 43 et 45. Vendues comme biens nationaux en 1791, elles ont été plus ou moins modifiées à l'intérieur pour donner satisfaction à des besoins nouveaux ; mais, à l'extérieur, l'ensemble de ces immeubles a conservé à peu près le même aspect qu'au temps du noviciat.

1. On avait mis à l'abri du danger les armes précieuses conservées dans les armoires ; M. de Carpegna refusa de les livrer, malgré les menaces les plus violentes, et ne dut la vie qu'à l'intervention de M. Bendot, architecte, et d'un élève de l'Ecole polytechnique dont le nom est resté inconnu. » (Extrait du catalogue du Musée d'artillerie. Ed. 1889.)

Les n°s 33 et 35 (1) font partie des *Magasins du Petit Saint-Thomas,* qui occupent, en outre, l'ancien hôtel de l'Université, situé à gauche, à l'angle de cette rue et de la rue du Bac, et dont l'emplacement est représenté actuellement par les n°s 25 de la rue de l'Université, 27, 29 et 31 de la rue du Bac. Les premiers bâtiments des *Magasins du Petit Saint-Thomas* ont été bâtis, en 1820, sur les jardins de l'hôtel (n° 31).

Les armes, qui indiquaient, au-dessus de la porte d'entrée, le

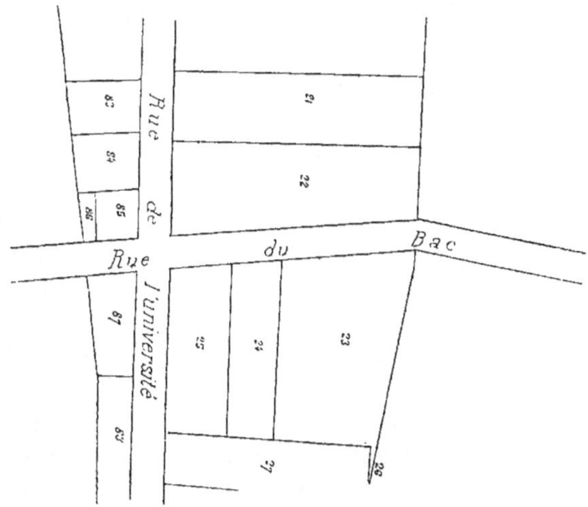

Le grand Pré aux Clercs d'après le bornage de Nicolas Girard, arpenteur, fait par arrest de la cour du 14 mai 1551, et recherché géométriquement (en 1753) par le baron de Molina, colonel-ingénieur, pour contenir exactement la même superficie donnée par Carron et Fleuri en 1674.

21. M. le président Menou. — 22. Hôtel de l'Université. — 23. Hôtel de Volbele. — 24. M. de Nicolaï. — 25. M. Le Rebours. — 26. Mme Bonnier. — 27. Mme d'Armenonville. — 83. Partie de maison de M. Mauron. — 84. Partie à M. Beliquard. — 85. M. Le Camus. — 86. Partie de maison à M. de Robesy. — 87. M. de Rambour. — 88. M. Renard.

(*Le Faubourg Saint-Germain,* par Berty et Tisserand.)

chef-lieu de l'Université de Paris, transféré au collège Louis-le-Grand en 1763, ont disparu pendant la Révolution.

Au nombre des locataires ayant habité l'ancien hôtel de l'Université, nous relevons les noms de messire du Bouchet, marquis de

1. Cette maison, qui a appartenu au général de Custine, mort sur l'échafaud en 1793, fut vendue par les Officiers municipaux de la Ville de Paris, le 27 juillet 1791, à M. Courtamère. Celui-ci la revendit à M. de la Coste, qui lui-même, le 8 juin 1856, la céda à M. Mannoury, déjà propriétaire de l'ancien hôtel de l'Université.

Sourches, comte de Montsorreau; du prince de Monaco, duc de Valentinois; de Nicolas de Catinat, maréchal de France; de Pierre de Catinat, conseiller au Parlement. Le 12 juin 1753, la jouissance à vie de cet hôtel fut cédée, moyennant la somme de 85.000 livres, à Henri François de Paule d'Aguesseau, conseiller d'État. Mais le Recteur de l'Université continua à faire élection de domicile dans cet hôtel, qui avait été bâti sur le grand Pré aux Clercs, propriété de l'Université (1).

Échangé en messidor an VI par le Directoire, l'ancien chef-lieu universitaire fut mis deux fois en vente au commencement de ce siècle, en 1820 et en 1839. Les actes sont datés des 28 messidor, 15 mai 1820 et 29 avril 1839. Ce dernier a été passé entre M. Doré, ancien procureur du Roi, et M. Mannoury, qui acheta en 1856 le n° 35 de la rue du Bac.

Un café-restaurant a occupé pendant longtemps le magasin du rez-de-chaussée, à l'angle des rues du Bac et de l'Université. C'était un établissement de modeste apparence, parfaitement tenu, dans lequel on déjeunait bien et à des prix modérés. Il avait été fondé, dit-on, sous le premier Empire, par un nommé Desmares, père du vaudevilliste.

Passons devant les n°s 37, qui sert de seconde entrée à l'église Saint-Thomas d'Aquin, 39 et 41 ; ils ne présentent aucun intérêt, et entrons au n° 43. Cette maison est divisée en deux corps de bâtiments : l'un est à deux étages sur rez-de-chaussée, entre cour et jardin, avec issue sur la place Saint-Thomas d'Aquin ; l'autre, composé de trois boutiques avec logements, donne directement sur la rue du Bac (2). A signaler : dans la cour, au premier étage, un balcon en fer à double arcade, avec rond et plate-bande d'appui estampée ; à l'intérieur, au rez-de-chaussée, au-dessus de deux portes, deux médaillons en mosaïque, peints sur toile, et au premier étage, dans le grand salon, une disposition de onze glaces du plus joli effet.

Comme locataire, un seul nom à citer : la marquise de Sailly, née Gabrielle-Flore Le Tellier de Souvré, dont le mari, le marquis de Sailly, fut brigadier des armées du roi.

Nous avons dit que le n° 43 de la rue du Bac avait été vendu comme

1. MM. Berty et Tisserand (*Le Faubourg Saint-Germain*, t. IV) donnent le détail de quelques baux faits, en 1739, par l'Université sur le grand Pré aux Clercs. Piganiol (t. VII) complète ces renseignements par l'indication de plusieurs autres baux.

2. Cette maison a porté successivement les n°s 250 (avant la Révolution), 941 (au moment de la Révolution), 954 (ainsi qu'il résulte d'un acte du 11 germinal an III) et 35 (en 1808).

bien national le 11 octobre 1791. Il appartient de nos jours à M. Legrip.

Reste le n° 45 dont l'entrée donne sur le boulevard Saint-Germain. Au premier étage, la corniche et les rosaces du grand salon semblent appartenir au règne de Louis-Philippe ; au deuxième, il y a quelques restes de mauvaises décorations Empire. Et c'est tout. Quant au jardin que nous voyons sur le plan de Turgot, il n'existe plus : les arbustes et les fleurs ont été remplacés par quelques constructions légères, qui elles-mêmes disparaîtront un jour, avec une bonne partie du n° 43, pour donner à la rue Gribeauval la largeur indiquée sur notre plan.

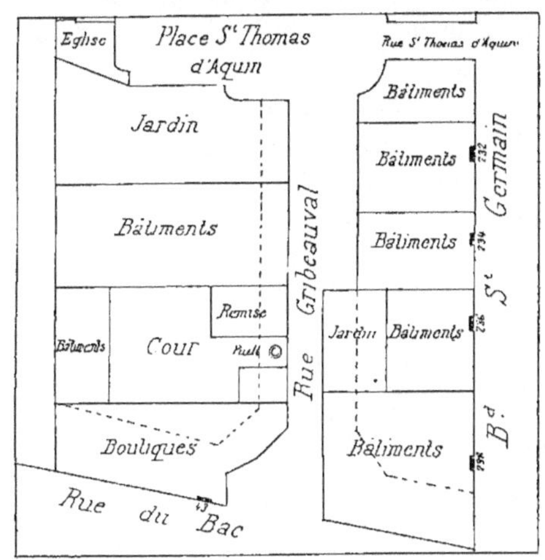

(Les lignes pointillées indiquent l'alignement futur de la rue Gribeauval et de la rue du Bac.)

Pour passer en revue les immeubles de l'autre côté de la rue du Bac, nous reviendrons, à notre point de départ, à l'angle de la rue de l'Université.

Sur l'emplacement occupé aujourd'hui par les n°s 28, 30, 32, 34 et 36 s'élevaient, au commencement du XVIIIe siècle, trois propriétés appartenant, la première, celle faisant le coin de la rue de l'Université, à M. Le Rebours, conseiller à la cinquième chambre des enquêtes ; la seconde à M. de Nicolaï ; la troisième au comte Valbelle d'Oraison, baron de Dauphiné, marquis de Touvres (1), colonel au régiment de Berry, qui, pendant dix-neuf ans, fut l'amant en titre de Mlle Clairon...

1. Joseph-Alphonse Omer, comte de Valbelle d'Oraison, était né à Aix le 19 juin 1729, de André Geffroy de Valbelle, enseigne des Gendarmes de la Garde, et de Marguerite Delphine de Valbelle.

avec l'assistance, bien entendu, d'un certain nombre de coadjuteurs.

C'est dans l'*hôtel de Valbelle* (1) que la célèbre tragédienne aimait à se retirer des journées entières, trouvant là le repos qui lui était si nécessaire et qui lui échappait même chez elle. « Vous savez mon désir pour une campagne, écrivait-elle un jour à Larive ; ne pouvant m'en procurer une, j'ai pris le parti d'aller m'établir à l'hôtel de Valbelle, depuis mon dîner jusqu'à mon souper. Je reçois mes visites. J'ai fait porter de l'ouvrage et des livres. De demi-heure en demi-heure, je vais faire le tour du jardin et je me trouve à merveille de ce petit exercice, et surtout du calme qui règne dans cette maison ; la mienne, sans cesse ébranlée par les voitures qui passent, donnoit des secousses à mes nerfs, qui m'étoient insupportables. Depuis la dernière attaque que vous m'avez vue, je n'ai cessé de souffrir que dans les moments où je n'ai pas été chez moi (2). »

A l'époque où cette lettre fut écrite, Mlle Clairon habitait, elle aussi, la rue du Bac, près du Pont-Royal (3). Elle y resta cinq ans, de 1768 à 1773. C'est dans cette maison qu'elle vendit son cabinet d'histoire naturelle au comte Paul Demidoff, ses curiosités, ses livres (4),

1. M. le comte d'Haucourt commet une erreur lorsqu'il place l'hôtel de Valbelle en face de la rue Gribeauval : il était bien là où nous le plaçons. (Voir du reste le plan de Jaillot, 1775.)

2. *Mlle Clairon,* par E. de Goncourt.

3. L'*Intermédiaire* a donné dans ses numéros de novembre 1884 et mai 1885 quelques actes concernant le séjour de la Clairon dans la rue du Bac.

1° *Acte du 4 février 1768.* « Bail à loyer par M. Girard à Mlle Clairon. — Benjamin Chaillou, huissier, procureur du sieur Gabriel. François Girard, bourgeois de Paris, demeurant en la ville de Saumur... donne à loyer pour neuf années consécutives, à compter du premier juillet prochain, à demoiselle de la Tude Clairon, pensionnaire du Roi, demeurant à Paris, rue Vivienne, paroisse Saint-Eustache, une maison à porte cochère, située à Paris, rue du Bac, près le Pont-Royal... en laquelle Madame la Marquise de Chaumont est demeurante... Ce bail est fait moyennant la somme de trois mille six cents livres de loyer par chacun an.... Il est convenu qu'il sera en outre fait des réparations pour lesquelles la demoiselle Clairon s'oblige de payer une augmentation de loyer, qui sera fixée à raison de 4 °/₀ du montant des dits ouvrages et réparations.... Signé : Chaillou, de Latude, Baron, Trutat. »

A cette pièce, se trouve annexé cet état des réparations que demande Mlle Clairon.

2° *Acte du 23 décembre 1768.* « Donation entre vifs de meubles et effets mobiliers par Mlle Clairon à Pierre Bernier et sa femme.

« Dlle Claire-Joseph-Hippolitte de Latude Clairon, pensionnaire du Roi, demeurant à Paris, rue du Bacq, paroisse Saint-Sulpice, a donné à titre de donation entre vifs irrévocable : à Pierre Bernier, valet de chambre, chirurgien ; et à Marie Michelle Martin, sa femme, demeurant à Paris, rue du Bacq, paroisse Saint-Sulpice.

« Les meubles et effets mobiliers garnissant la chambre que la femme Bernier occupe dans la maison de la Dlle Clairon, chez laquelle elle demeure en qualité de femme de chambre.

« Cette donation est faite, sous la condition expresse que, si la femme Bernier venait à renoncer à la communauté de biens établie entre son mari et elle, elle aurait reprise sur tous les meubles et effets mobiliers... Signé : Clairon de Latude, Martin, Bro, Bernier, Trutat. »

4. Les livres de Mlle Clairon, généralement reliés en veau, portent sur le plat en caractères : Mlle Clairon. (*Mlle Clairon,* par E. de Goncourt.)

ses bijoux (1), ses tableaux, ses estampes, au nombre desquels on comptait une collection très importante de Rembrandt. Et ces ventes étaient faites non pour elle, bien qu'elle fût alors âgée de cinquante ans et qu'elle pût craindre, pour la fin de sa vie, une affreuse solitude, mais pour satisfaire les goûts et les besoins de son amant, le comte de Valbelle. Ce n'était pas la première fois, du reste, qu'elle s'imposait de semblables sacrifices ; à différentes reprises, elle vendit, pour le comte, tout ce qui ne lui était pas absolument nécessaire. Elle affirme elle-même que toute son existence se passa, à cause de lui, dans la plus extrême pauvreté.

C'est exagéré ; mais il est juste de reconnaître qu'elle eût toujours pour le comte de Valbelle un attachement très sincère et que ce dernier s'en montra fort peu digne.

Couvert de dettes, le comte se retira, pendant les dernières années de sa vie, dans son château de Touvres (2). La mort l'y surprit en 1778.

Mlle Clairon mourut vingt-cinq ans après, le 31 janvier 1803, à l'âge de quatre-vingts ans (3).

Les n°s 28 à 44 ne présentent aucun intérêt.

Nous rappelerons seulement que c'est au n° 36 qu'est mort, il y a quelques années, le général d'Hugues, un des héros de nos grandes guerres d'Afrique. Les annales militaires le citent, comme étant monté un des premiers au col de Mouzaïa, lors de la prise d'Abd-el-Kader.

Le col de Mouzaïa était la seule route possible d'Alger à Médéah. Ce point important avait été occupé par les troupes d'Abd-el-Kader et fortifié par celui-ci d'une manière formidable. Le 12 mai 1840, le maréchal Vallée attaqua la position avec les troupes du duc d'Orléans, du général d'Houdetot et du colonel Lamoricière. Le combat fut rude. Le 2e léger, colonel Changarnier, s'empara des grandes redoutes arabes et contraignit Abd-el-Kader à la retraite.

Pendant la guerre de 1870, le brave général d'Hugues reprit du service malgré son grand âge et commanda les troupes du plateau d'Avron.

Le n° 46 est l'ancien *hôtel de Jacques-Samuel Bernard,* fils aîné du célèbre financier Samuel Bernard, le prédécesseur des Rothschild, des Péreire, des Mirès, qui mourut en 1739, laissant vingt chartes et

1. La série des bijoux était la plus intéressante de la vente. Montant des enchères : 8.692 livres.

2. Ce château fut complètement saccagé pendant la Révolution. Il était décoré de peintures de Charles Parrocel et de sculptures de Chastel.

3. Elle était née le 25 janvier 1723, à Condé, petite ville du Hainaut.

seigneureries et une fortune de 33 millions (1). Louis XIV, dont les finances étaient quelque peu embrouillées, lui fit demander un jour des avances considérables. « Quand on a besoin des gens, répondit le richissime banquier, en s'adressant au ministre Chamillart qui lui transmettait la demande du roi, c'est bien le moins qu'on en fasse la demande soi-même. » Louis XIV y consentit. Il reçut le financier dans son château de Marly, obtint de lui plus qu'il espérait et le récompensa en le faisant conseiller d'État et comte de Coubert. C'est en faisant allusion à ces récompenses honorifiques accordées à certains banquiers de son temps que Montesquieu s'écrie : « Tout est perdu lorsque la profession lucrative des traitants parvient encore par ses richesses à être une profession honorée... Un dégoût saisit tous les autres états, l'honneur y perd toute sa considération, les moyens lents et naturels de se distinguer ne touchent plus, et le Gouvernement est frappé dans son principe. »

A la mort de son père, Jacques Bernard, qui avait épousé en 1715 une Frottier de la Coste Messellière, était surintendant de la maison de la reine. Bien qu'âgé de cinquante-deux ans, c'était un prodigue, entre les mains duquel les 33 millions du vieux banquier disparurent comme par enchantement. En outre des sommes considérables qu'il sacrifia dans la construction de l'hôtel de la rue du Bac (1741 à 1744 (2) — l'acte de vérification des comptes, l'acte seul, s'éleva à 33.200 £) — il mit sa maison sur un tel pied, vécut d'une vie si fastueuse, s'abandonna si bien, sans compter, à tous ses caprices, que, quatorze ans après, en 1753, il mourut complètement ruiné, faisant une banqueroute scandaleuse. Voltaire, qui s'y trouva pris, lui garda une forte rancune.

Tels sont les souvenirs que nous rappellent les initiales S. B., sculptées sur le cartouche qui décore l'imposte dormante de la porte cochère du n° 46 de la rue du Bac et la vue de cette grande cour

1. Il existe un portrait de Samuel Bernard, gravé par Drevet, d'après Hyacinthe Rigaud. Ce portrait a été reproduit par P. Lacroix dans son ouvrage sur le XVIIIe siècle : « Institutions, usages et costumes. »

Samuel Bernard était huguenot ; il abjura à la révocation de l'édit de Nantes. C'était sous Louis XIV, le plus célèbre et le plus riche des *Traitants*. On appelait ainsi ceux qui se chargeaient des revenus du Roi à certaines conditions, réglées par un traité spécial ; mais ils n'avaient jamais à s'occuper de rien qui ressemblât à un système financier.

Au dire de Voltaire, qui l'avait connu, Samuel Bernard « était un homme enivré d'une espèce de gloire, rarement attaché à sa profession, qui aimait passionnément toutes les choses d'éclat et qui savait que le Ministre de France rendait avec avantage ce qu'on hasardait pour lui ».

2. D'après les plans de Delagrive, publiés en 1728, l'hôtel qui précéda celui de Samuel Bernard, fut l'hôtel de Poye ; son terrain attenait par le fond à l'hôtel de Lude, dont l'entrée était située rue Saint-Dominique-Saint-Germain.

d'honneur, au fond de laquelle se dressait, tout récemment encore, à l'ombre de grands arbres, la statue du Roi Soleil.

Nous ne ferons pas la description détaillée de l'ancien hôtel Samuel Bernard, hôtel immense, qui, d'après le plan annexé au cahier d'enchères de 1880 (1), occupait encore à cette époque une superficie de 3.843 m. 85, dont 57 m. 98 en façade sur le boulevard Saint-Germain et 40 m. 01 en façade sur la rue du Bac ; ce plan, que

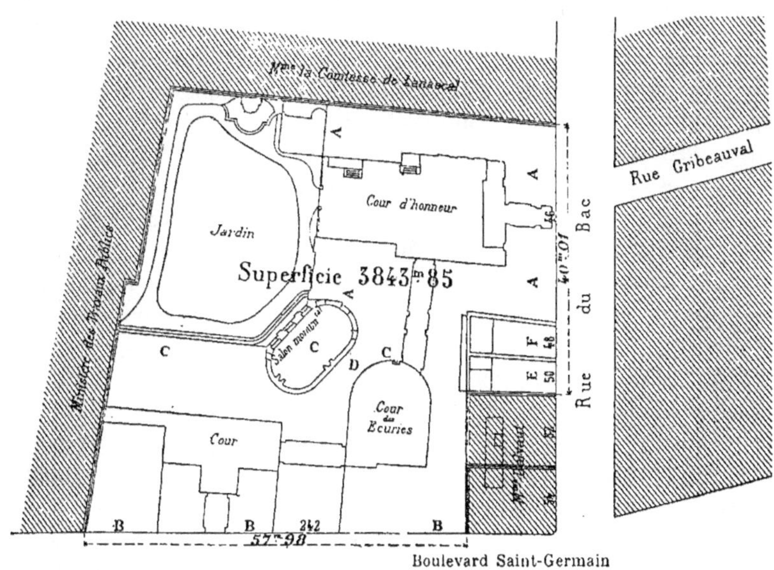

L'hôtel Samuel Bernard.

A. Bâtiments élevés sur caves, d'un rez-de-chaussée, de deux étages carrés au-dessus et d'un étage lambrissé. — B. Bâtiments élevés partie sur caves, partie sur terre-plein, d'un rez-de-chaussée et d'un étage lambrissé. — C. Bâtiments élevés sur caves, d'un rez-de-chaussée, d'un étage carré et d'un étage lambrissé. — D. Bâtiments élevés sur caves, d'un rez-de-chaussée, de trois étages carrés et d'un atelier d'artiste. — E et F. Bâtiments élevés sur caves, d'un rez-de-chaussée, de trois étages carrés et d'un étage lambrissé.

nous donnons, supplée très largement à toute description. Nous parlerons seulement du corps du bâtiment, aujourd'hui disparu, qui s'élevait entre le jardin et la cour des écuries et qui se composait d'un rez-de-chaussée, d'un étage carré et d'un étage lambrissé. Lui seul présentait un véritable intérêt au point de vue artistique, car c'est là que demeurait Jacques-Samuel Bernard et que se trouvait, en pan

1. Voir appendice n° 11.

coupé sur le jardin, ce fameux salon monumental que tout le Paris amateur a visité il y a quelques années.

L'escalier n'avait rien de remarquable. Au premier étage, les boiseries de la salle à manger étaient en ton chêne, d'un travail assez fini ; deux panneaux, peints par Oudry, représentaient, l'un, un chien courant après des canards, l'autre des attributs de musique et des animaux. Une partie des boiseries a été transportée dans un des hôtels les plus élégants et les plus hospitaliers de l'avenue Marceau ; quant aux peintures d'Oudry, elles ont été conservées dans la famille de Choiseul. En face de la salle à manger était le grand salon, l'un des plus merveilleux du XVIIIe siècle. Par l'élégance du style, par la légèreté de ses dorures, par le fini du travail décoratif, il n'avait d'égal que le salon de l'hôtel de Soubise, aujourd'hui les Archives nationales, créé par Boffrand. Sa longueur était de 15 mètres, sa largeur de 8 mètres et sa hauteur de 7 m. 50. Ses boiseries, véritables chefs-d'œuvre, ont été vendues 250.000 francs, dit-on, au baron de Rothschild ! Sa cheminée, large de 2 mètres, haute de 2 m. 50, était vraiment superbe avec son marbre en brèche violette, ses grosses agrafes d'angle en cuivre doré, sa plaque de fonte ornementée d'écussons armoriés. Les dessus de portes, représentant l'Europe, l'Asie, l'Afrique et l'Amérique, étaient dûs aux pinceaux de Restout, de Vanloo, de Dumont le Romain. Au-dessus des corniches, des panneaux en relief personnifiaient la peinture, la sculpture, la musique et l'architecture. Enfin la voûte, à laquelle étaient suspendus autrefois cinq lustres étincelants de lumière, était ornée de rosaces, dont l'une, celle du milieu, représentait un soleil rayonnant, autour duquel soufflaient les zéphyrs et les aquilons. Et, dans cet encadrement merveilleux, des meubles d'un goût parfait, des glaces, des tentures d'une richesse incomparable, des objets de toutes espèces.

Pour visiter ce magnifique appartement, nous prendrons pour guides les deux très intéressantes notices publiées, l'une, par M. Charles Read, dans le *Bulletin de la Société du protestantisme français* (1), l'autre, par M. Maurice du Seigneur, dans la *Construction moderne* (2).

Trois autres salons se présentaient tout d'abord à vous, salons plus petits et moins riches assurément que celui dont nous venons de faire la description sommaire, mais qui cependant étaient encore très remarquables au point de vue artistique. Chacun d'eux différait par

1. 3e série, 6e année, n° 1 du 15 janvier 1887.
2. Numéro du 12 février 1887.

l'ornementation de ses boiseries. « Arrêtez-vous longtemps, nous dit M. Maurice du Seigneur, dans le salon aux boiseries grisâtres, qui devait servir de chambre à coucher. Chaque panneau contient, dans un médaillon pendant en breloque, les attributs de la pêche, de la chasse, de la musique, de la vendange, de la moisson : dans un angle,

Porte de l'hôtel Samuel Bernard.

voici le renard de La Fontaine invitant à déjeuner sa commère la cigogne ; dans l'autre angle, voilà dame cigogne rendant la politesse à son compère le renard ; dans les frises, des amours jouent avec des cygnes ; à chaque écoinçon d'angle du plafond, un galant cavalier déclare sa flamme à une dame assise dans un fauteuil, ou bien met le genou en terre devant sa belle ». — Enfin, voici un boudoir délicieux, vrai boudoir de Vénus, avec panneaux sculptés représentant les attributs de l'amour et de la toilette de la femme : des arcs, des carquois, des flambeaux, des miroirs, des coffrets regorgeant de perles et de bijoux.

A Samuel-Jacques Bernard succéda M. de Boulongne, riche colon de la Guadeloupe, qui ramena de cette colonie un fils, le fameux chevalier de Saint-Georges, capitaine des gardes du duc de Chartres, auteur d'opéras, de concertos et de sonates, qui mourut en 1799.

Piron était un des familiers de l'hôtel de Boulongne.

Le célèbre chimiste Chaptal, membre de l'Institut, mort en 1832, a présidé longtemps dans cette maison les séances de la Société d'encouragement pour l'industrie nationale. Cette Société, fondée en l'an X, avec le concours du chef de l'État, d'un grand nombre de fonctionnaires publics, de propriétaires et de savants, avait pour but de provoquer, par sa correspondance, par la publication d'un bulletin, par des avances faites aux artistes, par des prix, l'amélioration de toutes les branches de l'Industrie française. Le comité des arts mécaniques était présidé par Ampère.

Louis Veuillot, l'ancien directeur de l'*Univers,* a demeuré dans l'une des annexes de l'hôtel en 1851. Enfin, en 1880, au moment où il fut question de la vente de l'hôtel et de ses dépendances, nous y trouvons M. le marquis de la Ferté-Meun (1), Mme la marquise de Chaponay-Morancé, M. le duc de Vallombrosa, Mme la baronne de Plancy, dont le mari fut député de l'Aude en 1869, etc.

Singulière coïncidence, qui a déjà été relevée par M. Charles Read : Une fille de Samuel-Jacques Bernard épousa, en 1739, Nicolas-Hyacinthe de Montvallat, comte d'Entragues, et c'est un marchand d'antiquités, du nom de Montvallat, qui a acheté les boiseries de l'hôtel, ainsi que tous les trésors artistiques qui s'y trouvaient.

Entre l'hôtel Samuel Bernard et le boulevard Saint-Germain, se trouvent quatre maisons, portant les n°s 48, 50, 52 et 54, maisons du reste de fort modeste apparence. Les deux premières faisaient partie de l'hôtel Samuel Bernard au moment de la vente (voir le plan) ; les deux autres, qui, en réalité, n'en forment qu'une seule, ont pour propriétaire Mme Dalvant.

Parmi les noms des anciens locataires ou propriétaires de ces quatre immeubles, nous relevons ceux de MM. Pisis et Hussard, de Mme la présidente Le Vayer (2), du comte de Vence, qui possédait

1. A la mort du marquis de la Ferté-Meun, ce fut Mme la duchesse d'Ayen, sa nièce, qui devint héritière de l'hôtel de la rue du Bac. Cet hôtel fut vendu très peu de temps après.

2. Acte du 18 novembre 1734. « Haut et puissant Seigneur Messire Jean-Jacques le

une galerie très remarquable de tableaux, au nombre desquels on remarquait :

Plusieurs Rembrandt ;

Un assez grand nombre de Téniers, entre autres *les Marchands de poissons* et *les Pêcheurs* (gravés par Le Bas) ;

La vue d'un canal en Hollande, par Van der Heyden ;

Une forêt, par Kiérings, un des morceaux les plus remarquables que l'on possède de ce maître ;

Un portrait de Van Dyck ;

Un paysage, par Paul Bril (gravé par Nieulan) ;

Le Moulin hollandais, par Ruysdaël (gravé par Le Bas), etc., etc.

Le *Voyage pittoresque de Paris* donne l'énumération complète et détaillée de cette riche galerie.

Vayer, Chevalier, Seigneur de Marsilly et autres lieux, pour lui et pour son épouse, demoiselle Anne-Louise Dupin, reconnoît qu'ils sont propriétaires de la maison où ils demeurent, rue du Bacq, qu'ils ont acquise de dame Louise de Fiesque, veuve de Joseph Artus, comte de Vassé, le 12 mars 1729 ; en la censive de Sainct-Germain-des-Prés. » (Archives nat. S. 2.859-2.860). *(Le Faubourg Saint-Germain.)*

CHAPITRE V

DU BOULEVARD SAINT-GERMAIN A LA RUE DE GRENELLE

En 1877, l'achèvement du boulevard Saint-Germain et l'amorce du boulevard d'Enfer ont fait disparaître :

1° Sur le côté *gauche* de la rue du Bac, les n°s 39 (qui se trouvait au coin de cette rue et de l'ancienne rue Saint-Dominique) (1), 49, 51, 53, 55 ;

2° Sur le côté *droit*, les n°s 41 (au coin de la rue du Bac et de l'ancienne rue Saint-Dominique), 58, 60 et 62.

C'est sous la voûte du n° 62 que se trouvait l'entrée du *passage Sainte-Marie*, établi, à la fin du siècle dernier, sur une partie du couvent des *Religieuses de la Visitation* ou des *Dames Sainte-Marie*. Ce passage donnait accès sur la *rue de la Visitation*, qui, elle-même, débouchait sur la rue de Grenelle ; il est devenu, depuis l'achèvement du boulevard Saint-Germain, la rue Paul-Louis Courier, et la rue de la Visitation, qui a été prolongée jusqu'au boulevard, s'appelle aujourd'hui la rue Saint-Simon.

Le *couvent de la Visitation* mérite une mention toute particulière.

Geneviève Derval Pourtel, veuve du comte d'Enfréville Cizei, président à mortier au Parlement de Normandie, passa le 6 septembre 1657, conformément aux dernières volontés de son époux (2), un contrat avec les Religieuses de la Visitation du faubourg Saint-Jacques (3) en vue de l'établissement d'une seconde maison de leur

1. Ce nom de Saint-Dominique lui vient des religieux de Saint-Dominique. On l'appelait avant le *chemin des Vaches*, parce qu'on les conduisait par là aux Prés aux Clercs et à la plaine de Grenelle. C'est en 1643 que les Dominicains s'adressèrent au Bailli de Saint-Germain pour lui demander de mettre aux deux extrémités de ce chemin un marbre avec inscription « rue Saint-Dominique, jadis des vaches ». (Jaillot, t. V.)

2. Par son testament du 15 août 1646, dit Jaillot, le comte d'Enfréville avait légué le tiers de ses acquets pour la fondation d'un Ordre dont il laissait le choix à sa femme. Cette dernière donna encore une somme de 40.000 livres.

3. Ces religieuses s'étaient établies dans cet endroit vers 1626.

Ordre ; ce contrat fut approuvé et homologué le 24 avril 1658 par les Vicaires généraux du cardinal de Retz, archevêque de Paris. Un certain nombre de ces religieuses vinrent en conséquence s'établir, en 1660, dans une maison située rue Montorgueil ; mais s'y trouvant

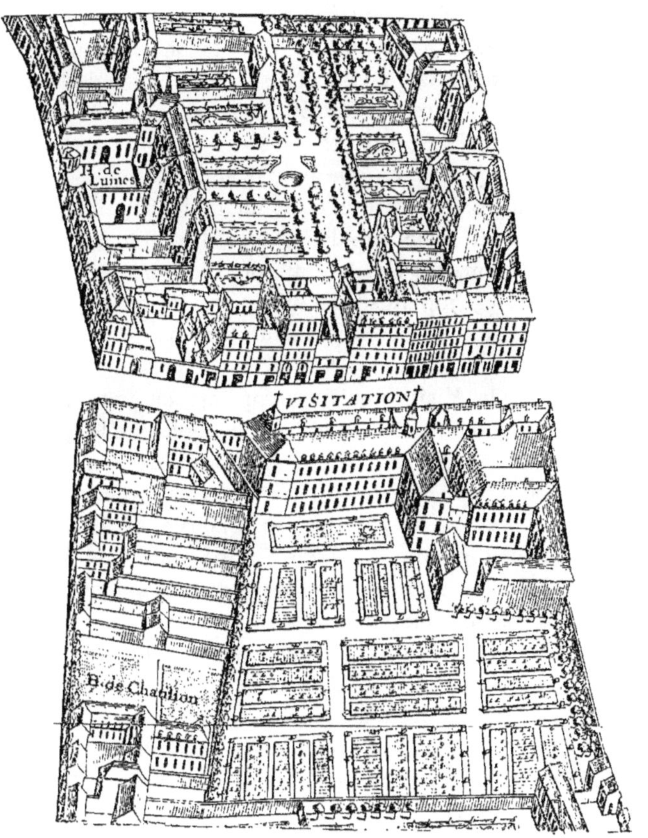

Du boulevard Saint-Germain à la rue de Grenelle, d'après le plan de Turgot. (1734-1739.)

logées trop à l'étroit, elles se transportèrent en 1673 rue du Bac (1), où elles restèrent jusqu'à la Révolution.

Le plan de Turgot nous montre quelle était l'importance de ce

1. La maison portait alors le n° 58. (Dulaure.)

couvent vers 1740. Il se composait de plusieurs bâtiments, dont le principal corps, en façade sur la rue du Bac, occupait le terrain compris aujourd'hui entre la rue Paul-Louis Courier et la rue de Grenelle. De vastes jardins s'étendaient derrière les bâtiments conventuels.

L'escalier conduisant aux dortoirs se faisait remarquer par son originalité. A la chapelle primitive, qui, au dire de G. Brice, *était très incommode pour les personnes du dehors,* on substitua, en 1775, une charmante petite église, construite sur les dessins de l'architecte Hélin. La première pierre en fut posée le 30 octobre de la même année par la reine Marie-Antoinette.

Le porche était d'ordre ionique avec fronton.

En face de la porte d'entrée était un tableau peint par Hallé, représentant le Christ au jardin des Olives. Le tableau de la Visitation, qui ornait le maître-autel, était de Philippe de Champagne. Enfin, deux autres chapelles, décorées en forme de tombeaux, étaient ornées de statues bronzées, sculptées par Bridan, sculpteur du roi.

Le couvent de la Visitation fut supprimé en 1790. L'église fut démolie. L'emplacement en fut vendu par le Domaine le 5 thermidor an IV (23 juillet 1796), à charge par l'acquéreur de fournir le terrain nécessaire à l'ouverture de deux rues de trente pieds de largeur, dont l'une devait aller de la rue du Bac à la rue de Bellechasse, et l'autre de la rue de Grenelle à la rue Saint-Dominique. L'adjudicataire ne remplit qu'à moitié les conditions qui lui avaient été imposées : il ouvrit seulement un passage qui, prenant naissance à la rue du Bac, se terminait en retour d'équerre à la rue de Grenelle (l'ancien passage Sainte-Marie).

Le projet d'une rue reliant la rue de Grenelle à la rue Saint-Dominique fut repris plus tard, en 1823. Une ordonnance royale du 19 mars de la même année porte en effet qu'il sera ouvert une rue de 9 m. 75 de largeur sur l'emplacement de la communauté des Dames de la Visitation Sainte-Marie, et, par cette ordonnance, le Préfet était autorisé à traiter pour l'acquisition des terrains nécessaires à l'exécution de cette rue, outre ceux que les possesseurs du domaine étaient tenus de fournir aux termes du contrat primitif. Cette ordonnance n'eut aucune suite et ce ne fut qu'en 1877, ainsi que nous l'avons dit, que la rue de Grenelle fut mise en communication directe avec le boulevard Saint-Germain.

D'après le plan de Turgot (1734-1739), le couvent de la Visitation s'étendait de l'ancien passage Sainte-Marie (rue Paul-Louis

Courier) à la rue de Grenelle : les maisons numérotées de 68 à 82 (1) seraient donc élevées sur l'emplacement de l'ancien couvent de la Visitation. Ce n'est pas, croyons-nous, tout à fait exact, puisque nous savons qu'en 1731, au coin des rues du Bac et de Grenelle, sur l'emplacement du n° 82 actuel, s'élevait un hôtel appartenant au prince d'Isenghien, maréchal de France (2).

Rappelons à cette occasion que le maréchal possédait une fort

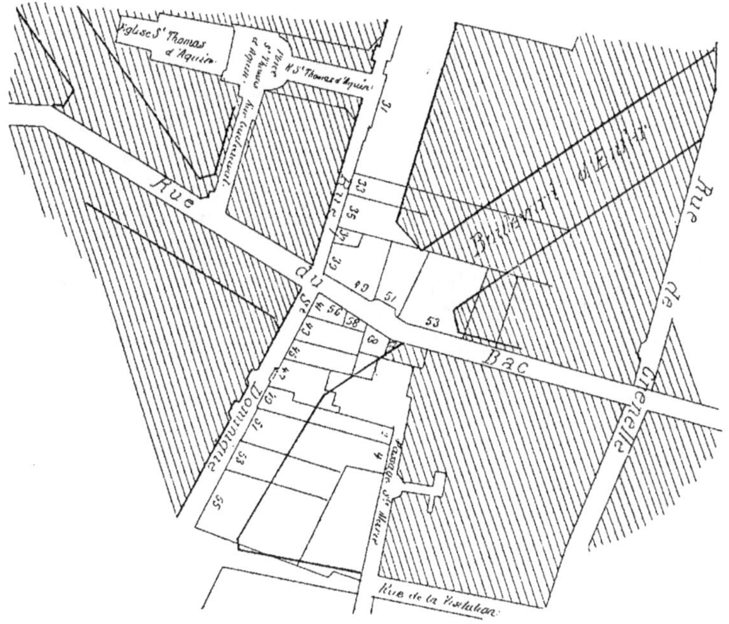

Percement du boulevard Saint-Germain à travers la rue du Bac, en 1877.
(Extrait d'un plan publié, à cette époque, par M. Chamouïn, 76, rue de Richelieu.)

belle galerie de tableaux, dont l'auteur du *Voyage pittoresque de Paris* fait une description très détaillée :

« Un grand portrait de femme, par Van Dick ;

« La vue de Tivoli, par Berckem, d'une touche forte et où la chute de la cascade est peinte avec beaucoup de vérité ;

« Un petit tableau, du même, représentant un charretier, dans le goût de Bamboche ;

1. Voir en appendice n° 12 un document concernant le n° 66.
2. Le prince d'Isenghien s'était marié trois fois : avec Mlle de Furstenberg, avec Mlle de Rhodes et avec Mlle de Monaco, sœur de la duchesse de Valentinois.

« Une femme qui joue du clavecin, par Gérard-Don ;

« Un pêcheur à la ligne, par Scalcken ;

« Le portrait d'un rabbin, par Rembrandt ;

« Un tableau de fruits, par Jean de Heem ;

« Un beau paysage de Paul Bril, dont le Carrache a fait les figures ;

« Son pendant est de Bartholomée ;

« Un tableau de Pierre Vanderwerff, représentant un joueur de flûte ; il est si beau que les connaisseurs le donnent au chevalier, son père ;

« Six Téniers. Deux pendans qui sont des étables ; une fête champêtre ; un concert où le peintre s'est peint avec sa famille et que Le Bas a gravé ; un Chymiste ; des joueurs de dé ;

« Trois morceaux de Wonwerman, gravés dans son œuvre, savoir : l'abreuvoir des chasseurs, le marchand de foin et l'académie du manège ;

« Un des plus grands tableaux de Téniers, représentant une fête champêtre, dont les figures sont dessinées comme du Carrache. Il a été acquis depuis peu par le prince Guillaume de Hesse. »

Les immeubles du côté droit et ceux du côté gauche numérotés 61 à 71 ne présentent aucun intérêt historique à notre connaissance.

CHAPITRE VI

DE LA RUE DE GRENELLE A LA RUE DE VARENNE

Le couvent des Récollettes.

Sur le côté gauche de cette partie de la rue du Bac, nous rencontrons encore les restes d'un ancien établissement religieux, le couvent des Récollettes, Ordre dont l'origine remonte au XVe siècle (1). Ce fut tout d'abord une maison simple, habitée par quelques religieuses venues de Verdun, à l'appel de Mme la présidente de Lamoignon (1627); mais ces sœurs ne surent pas profiter des droits et des privilèges qui leur avaient été accordés et, dix ans après, elles cédaient leur place à des Récollettes de Saint-Nicolas de Tulle, qui, depuis un an, se trouvaient à Paris. (Acte du 18 août 1638, déposé aux archives de Saint-Germain des Prés.)

Le nouveau couvent était en pleine prospérité, lorsque, en 1663, Marie-Thérèse, qui avait projeté de fonder un établissement de l'Ordre de la Conception, obtint du pape Alexandre VII, une bulle autorisant les Récollettes de la rue du Bac à prendre *l'habit, l'institut, la règle, la dénomination de : religieuses de l'Immaculée-Conception*. Un an après, le couvent était déclaré de fondation royale.

En 1734 (v. le plan de Turgot), les bâtiments et dépendances de la communauté s'étendaient sur les rues de Grenelle, du Bac et de la Planche (aujourd'hui rue de Varenne) et occupaient une superficie totale de 6.435 m. 30.

Certaines parties sont restées inachevées.

L'église ne présentait aucun intérêt au point de vue architectural. On y remarquait, au-dessus du grand autel, une Immaculée-Conception, peinte par Lafosse. La première pierre en fut posée en juillet 1693 par Mme de Ligny et Mlles de Furstenberg, ses petites-filles : elle fut achevée un an après. D'après Thierry, elle aurait été rebâtie à neuf en 1703.

1. Cet Ordre fut fondé à Tolède, en 1484, par Béatrix de Sylva et approuvé en 1489 par le Saint-Siège ; en 1501, Alexandre VI mit ces religieuses sous la direction des Frères Mineurs et leur donna la règle de sainte Claire. Elles prirent alors le nom de Récollettes, nom sous lequel elles furent introduites en France. (Jaillot, t. V.)

Les Récollettes possédaient une bibliothèque, une *librairie* comme elles l'appelaient, très pauvre du reste, si l'on ajoute foi à la déclaration faite par la Supérieure en 1790. Mais jamais ouvrages ne furent

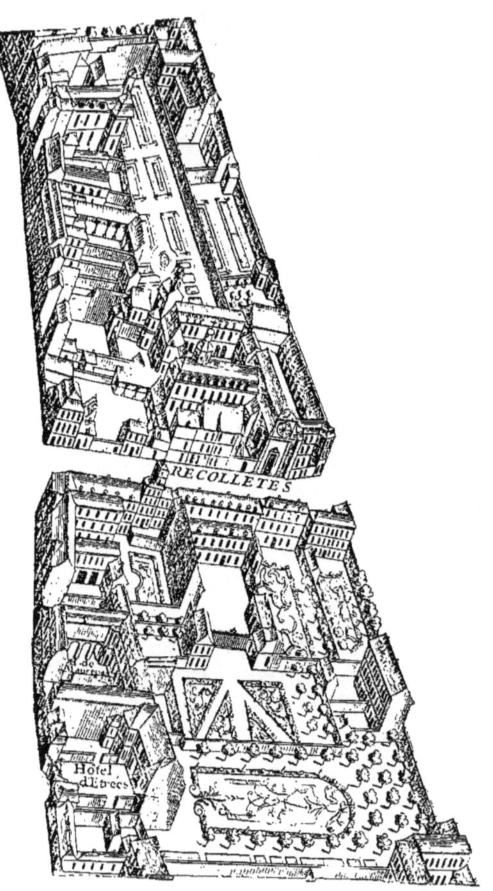

De la rue de Grenelle à la rue de Varenne, d'après le plan de Turgot. (1734-1739.)

entourés de plus de soins, soumis à un règlement plus sage et plus complet. Les livres de même nature étaient l'objet d'un classement absolument distinct ; sur le dos était écrit le nom de l'auteur ; dans l'intérieur, le nom du couvent. Ils ne pouvaient être prêtés au dehors qu'avec l'autorisation expresse du confesseur, de la Supérieure et des discrètes; un registre de prêt était tenu par une sœur « des plus spirituelles et advisées ». Enfin, il existait un catalogue par ordre alphabétique de tous les ouvrages, catalogue que la sœur bibliothécaire devait présenter, chaque année, lors de la visite du R. P. Provincial, qui l'examinait et le signait.

La fontaine de la rue de Grenelle, dessinée et exécutée par Bouchardon (1736-1739), a été construite sur un terrain donné gracieusement par les Récollettes. Tous les Parisiens connaissent cet édifice, formé d'un avant-corps et de deux ailes qui décrivent un demi-cercle.

La fontaine de la rue de Grenelle.

La base est formée de refends et forme piédestal continu. Sur l'avant-corps du milieu règne un socle de glaçons, au-dessus duquel sont trois statues de marbre blanc, grandes comme nature. La principale, couronnée d'une tour, représente la ville de Paris, assise sur la proue d'un vaisseau, un sceptre à la main. A ses pieds, couchées et appuyées sur des urnes, sont la Seine et la Marne. Derrière, quatre colonnes d'ordre ionique et cannelées soutiennent un fronton triangulaire, dans le tympan duquel sont les armes de France. Sur les ailes, dans des niches, sont les quatre saisons en pierre de Tonnerre : le Printemps, sous la figure d'un jeune homme, paré d'une guirlande de fleurs que soutient un bélier ; l'Été, représenté également par un jeune homme qui regarde fixement le soleil et qui tient un feston d'épis ; des balances et des raisins désignent l'Automne; l'Hiver est accompagné du capricorne. Quatre superbes mascarons de bronze fournissent l'eau, qui vient de la Seine.

Enfin, sur une table de marbre noir, est gravée une inscription latine, composée par le cardinal de Fleury, et dont voici la traduction :

« Sous le règne glorieux et pacifique de Louis XV, tandis que le prince, le père de ses peuples et l'objet de leur amour, assurait le repos de l'Europe ; que, sans effusion de sang, il étendait les limites de son empire, et que, par son heureuse médiation, il procurait la paix à l'Allemagne, à la Russie et à la Porte Ottomane, le Prévôt des marchands et les Échevins consacrèrent cette fontaine à l'utilité des citoyens et à l'embellissement de la ville. L'an de grâce 1739. »

Sur une seconde table on a inscrit les noms des Prévôts des marchands et Échevins.

En l'an XIII, on procéda au nettoyage complet de cette fontaine. MM. Quatremère de Quincy, Molinos et Le Grand, qui furent chargés de cet important travail, employèrent le procédé décrit par Vitruve et par Pline pour passer les sculptures antiques à l'encaustique. Ce moyen consiste à boucher tous les pores du marbre par une mixtion d'huile d'œillet ou de cire vierge, appliquée à chaud sur le marbre échauffé lui-même ; il le préserve ainsi de ces taches noires que l'humidité produit et qui n'est autre chose qu'une végétation de lichen, dont les racines s'implantent dans les pores du marbre, les écartent à la longue et en corrodent la surface.

Si l'on en croit le *Moniteur universel,* le succès de cette première expérience sur des figures d'une grande proportion aurait parfaitement répondu à l'attente du Préfet de la Seine. « Les figures, dit ce journal, n'ont éprouvé aucune altération par le chauffage du marbre au moyen de réchauds à mains, faits exprès et commodes pour communiquer la chaleur à toutes les parties d'une figure ou d'un groupe, avant de l'enduire de la mixtion d'huile et de cire, pour répéter ensuite ce chauffage et faire fondre la couche de cire qui reste figée sur le marbre lorsqu'il est refroidi.

« Une telle opération faite avec précaution remplit parfaitement les pores du marbre et les bouche à une certaine profondeur. On cire ensuite à froid la superficie et on la frotte avec un linge fin ; ce qui achève de former une espèce de vernis, sur lequel l'eau glisse sans s'arrêter et ne permet plus au lichen de placer ses racines. »

Supprimé en 1790, le couvent des Récollettes devint propriété nationale et fut vendu en quatre lots, à des particuliers, les 9 floréal an V, 21 pluviose, 25 germinal an VI et 23 nivose an VII. Depuis cette époque, l'immeuble est toujours resté la propriété de la famille du principal acquéreur, M. Gaudelet.

L'église fut convertie en salle de spectacle, sous le nom de *Théâtre des Victoires nationales*. Il fut inauguré le 17 septembre 1798 (?). Quelques historiens lui donnent le nom de *Théâtre sans prétention*.

C'est une erreur. Le *Théâtre sans prétention,* ci-devant *des associés et des patriotes,* se trouvait dans le faubourg du Temple et existait avant la Révolution. En 1797 ou 1798, il était sous la direction d'Augustin Prévôt. Ce théâtre disparut en 1807.

C'est sur le *Théâtre des Victoires nationales* que le comédien Potier fit ses débuts en 1794 et c'est de là qu'il partit, avec un directeur de province, pour parcourir la Bretagne et la Normandie. De retour à Paris, il joua successivement aux Variétés, à la Porte Saint-Martin, à la Gaîté, au Palais-Royal. Enfin, brisé par l'âge (1) et surtout par les infirmités, il fit ses adieux au public le 11 avril 1837, sur le théâtre du boulevard Montmartre :

De vous plaire j'eus le bonheur
Dans ma carrière dramatique;
Mais l'âge arrête mon ardeur.
Recevez les adieux de votre vieux comique,
De vos bontés il va se séparer;
Mais en songeant qu'il faut qu'il se retire
Pendant quinze ans celui qui vous fit rire
Ce soir hélas! se sent prêt à pleurer.

Potier mourut à Fontenay-sous-bois le 20 mai 1838, laissant deux fils (2) : l'un, Charles-Joseph-Edouard Potier, auteur dramatique et acteur français, mourut en 1870; l'autre, Henri-Hippolyte, compositeur, fut un instant chef de chant à l'Opéra.

Le théâtre des Victoires nationales ou du Bac, fut fermé en 1807, en vertu du décret impérial du 20 juillet qui réduisit le nombre des théâtres de Paris à huit. Né de la déclaration du 19 janvier 1791, qui avait donné une liberté pleine et entière aux entreprises théâtrales, il vécut neuf ans (3).

La seule pièce donnée sur ce théâtre et qui ait été imprimée à notre connaissance est intitulée : *Les Femmes politiques,* comédie de Gosse, auteur de plusieurs autres pièces, dont l'une, *Le Médisant,* obtint un certain succès à la Comédie-Française.

Peu après la prise du Trocadéro, l'ancien couvent des Récollettes fut sur le point de reprendre sa destination primitive. La duchesse d'Angoulême avait ramené une vingtaine de sœurs dans l'ancien monastère royal, et elle avait même l'intention de racheter tous les bâtiments lorsque la Révolution de 1830 éclata.

1. Il était né le 23 octobre 1774.
2. Il s'était marié avec une actrice de province, Madeleine Blandoin.
3. De 1789 à 1799 on ouvrit à Paris quarante-cinq théâtres. On en trouvera la nomenclature dans le *Théâtre de la Révolution,* par M. Welschinger.

Fermée pour la seconde fois, l'église se transforma en salle de bal, que nous avons tous connue sous le nom de *Salon de Mars* ou du *Pré aux Clercs*. Pendant trente ans, les petits boutiquiers et les gens de maison du quartier y ont dansé tous les jeudis et tous les dimanches.

Le 15 septembre 1870, paraissait sur les murs de Paris une affiche rouge annonçant qu'une réunion des délégués de tous les comités de Paris aurait lieu dans la salle du Pré aux Clercs, rue du Bac. Si on examine les noms des signataires, on voit que là se trouvait pour ainsi dire l'embryon de la Commune.

Aujourd'hui, l'ancienne église des Récollettes est devenue le n° 85 de la rue du Bac et elle sert de magasin à un marchand d'antiquités. On voit encore la rose au-dessus de la porte d'entrée. Le réfectoire et le dortoir du couvent ont été également conservés ; le premier sert d'atelier aux magasins du Petit Saint-Thomas, le second a été transformé en chambres de location.

Le plan que nous donnons, et que nous devons à l'obligeance bien connue de M. l'architecte Ramus, indique, du reste, d'une façon très exacte, ce qui subsiste encore de l'ancien couvent des Récollettes.

Le n° 87, qui fait le coin de la rue de Varenne, est connu sous le nom de *maison des bains,* parce qu'un établissement de bains y est installé depuis fort longtemps déjà. Sous Napoléon Ier, ces bains avaient même une certaine réputation. C'est une maison ancienne, à 2 étages, avec boutiques, au-dessus desquelles se trouve une large terrasse.

La partie de cet immeuble qui donne sur la rue du Bac (les bains se trouvent au fond de la cour) a été habitée au XVIIIe siècle par le comte du Dresnay (1820) ; Mme de Poligny (1825) ; le vicomte de Laumont (1827) ; la marquise de Larochecourbon (1831) ; M. Chantourelle, docteur en médecine, membre de l'Académie royale de médecine; la marquise Dumesnil; Girault de Saint-Fargeau (1846), qui nous a laissé quelques ouvrages intéressants sur Paris.

Passons de l'autre côté de la rue.

Au commencement du XVIIIe siècle, d'après les plans de Lacaille et de Jaillot, se trouvait, au coin des rues de Grenelle et du Bac, un hôtel que Jaillot appelle : *Hôtel de M. le Nonce.* La porte d'entrée donnait sur la rue de Grenelle. C'est, du reste, le seul hôtel qui figure sur ces deux plans, entre les rues de Grenelle et de Varenne.

Plus tard, au même endroit (est-ce le même qui a changé de nom ?) nous y voyons l'hôtel de Berwick, puis de Castellane.

Après, mais très en arrière de l'hôtel de Castellane, venait celui de Gallifet, qui existe encore. Il faisait face à la rue du Bac, de laquelle il est séparé aujourd'hui par de hautes constructions, élevées depuis peu sur une partie des jardins. Thiéry nous a laissé une description très détaillée de l'hôtel de Gallifet, qui, dit-il, n'était pas encore terminé en 1796. « Il a son principal corps de bâtiment au fond de la seconde cour, orné d'un grand péristyle découvert, composé de huit colonnes ioniques de trente pieds de haut, à chapiteaux antiques avec des perrons dans les entre-colonnements. A gauche, un autre

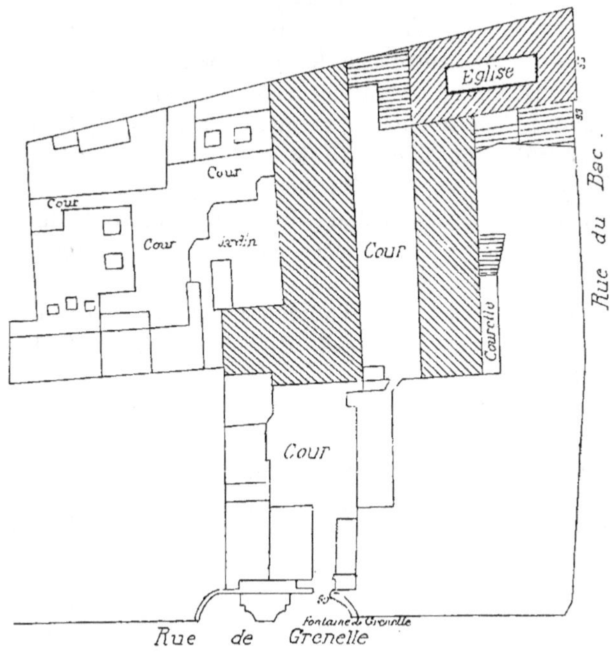

Les parties hachées représentent ce qui subsiste de l'ancien couvent des Récollettes.

péristyle en arrière-corps, décoré de vingt colonnes doriques, forme passage à couvert pour communiquer au grand escalier qui se trouve au milieu à droite. Sa forme est ovale ; il est orné au premier étage de douze colonnes ioniques, et terminé par une coupole décorée d'arabesques, avec une ouverture dans le centre pour l'éclairer, dans le genre de la rotonde. La totalité de cette cage d'escalier a cinquante pieds de haut.

« Le même ordre dorique règne dans tout le pourtour du rez-de-chaussée, bâtiment qui est en aile sur le jardin, dont le premier étage est occupé par une galerie de plain-pied aux appartements. Cette galerie, de quatre-vingt-dix pieds de long, doit être ornée de quarante colonnes corinthiennes.

« Le principal corps de logis a sa façade sur le jardin, décorée par six colonnes ioniques, dont quatre isolées et deux engagées. Sur les arrière-corps sont des croisées ornées au rez-de-chaussée de colonnes doriques, et d'ioniques au premier étage. Ces colonnes sont isolées et couronnées de frontons. Lorsque l'on construira l'aile droite sur le jardin, elle contiendra au premier étage une bibliothèque de même grandeur que la galerie opposée. Le dessous, orné de colonnes doriques comme l'autre face, formera une orangerie. »

En 1794, l'hôtel de Gallifet passa aux Affaires étrangères et nous y trouvons, à cette époque, en qualité de *délégués* par la Convention nationale : Buchot, Mangourit, Miot qui fut comte de Mélito, Colchen.

De 1795 à 1814, Charles Delacroix (le père du grand peintre), Talleyrand, Reynard, Caillard, le duc de Cadore, le duc de Bassano, le duc de Vicence, s'y succèdent comme *Ministres* des Affaires étrangères.

Enfin, de 1815 à 1821, l'hôtel est successivement occupé par le comte de Jeaucourt, le duc de Richelieu, le marquis Dessoles et le baron Pasquier.

L'hôtel de Gallifet a été construit sur les dessins de l'architecte Le Grand.

« Plus haut que l'hôtel de Gallifet, dit encore Thiéry, c'est-à-dire entre cet hôtel et la rue de Varenne, est l'hôtel de Talaru. » Thiéry commet une erreur. L'hôtel de Talaru était le n° 100 actuel, c'est-à-dire qu'il était après la rue de Varenne et non pas avant cette rue. Nous parlerons de cet hôtel dans le chapitre qui suit (1).

Enfin, Jaillot indique un hôtel Dillon au coin de la rue de Varenne et du Bac, et Lefeuve cite également cet hôtel comme venant après celui de Gallifet.

Ajoutons qu'à l'exception des nos 88 et 94, dont la construction est ancienne, toutes les maisons de ce côté de la rue du Bac sont nouvellement bâties ; elles datent de ce siècle.

1. Il y avait également un hôtel de Talaru rue Vivienne et un autre rue Richelieu.

CHAPITRE VII

DE LA RUE DE VARENNE A LA RUE DE SÈVRES

De la rue de Varenne à la rue de Sèvres, quatorze maisons (n°s 89 à 115) et les magasins du Bon-Marché occupent le côté gauche de la rue du Bac.

Aucun souvenir ne se rattache aux n°s 89 (ex 79), 91 (ex 81), 93 (ex 83), 95 (ex 85).

Le 97 (ex 87) appartient à la Compagnie d'assurances la « Caisse paternelle », dont les bureaux sont situés, 4, rue Ménars. Sa superficie est de 1.595 mètres environ. Il se compose :

D'un bâtiment sur la rue, avec aile en retour à gauche, élevé sur caves, d'un rez-de-chaussée, d'un entresol, de deux étages carrés, d'un quatrième lambrissé et pour partie d'un cinquième mansardé ;

D'un autre petit bâtiment n'ayant qu'un rez-de-chaussée ;

D'une cour derrière le premier bâtiment ;

A droite, dans la cour, un bâtiment élevé sur un terre-plein, un rez-de-chaussée, un entresol, deux étages carrés et, au-dessus, un étage mansardé ;

Au fond de la cour, un bâtiment avec ailes en retour à droite et à gauche, le tout élevé sur caves, d'un rez-de-chaussée, quatre étages carrés et un cinquième mansardé ;

Deux petites cours intérieures sur les côtés et au fond un petit jardin.

Cet hôtel a dû être construit vers 1720, car, dans un acte du 27 mars 1726, il est indiqué comme étant *nouvellement bâti*.

Ses principaux propriétaires ont été, au commencement de ce siècle, M. de Ségur, Chevallier, comte de Cabannac, baron Darsac et de Belfort, etc., mareschal des camps et armées du roy, capitaine-sous-lieutenant des gens d'armes de Sa Majesté ; Mgr Joseph-François-Marie-Antoinette-Hubert-Ignace prince de Salm-Dyck, botaniste estimé, et dame comtesse de Théïs, son épouse, surnommée la déesse de la Raison. De nos jours, le n° 97 fut acheté (acte du 5 mars 1856)

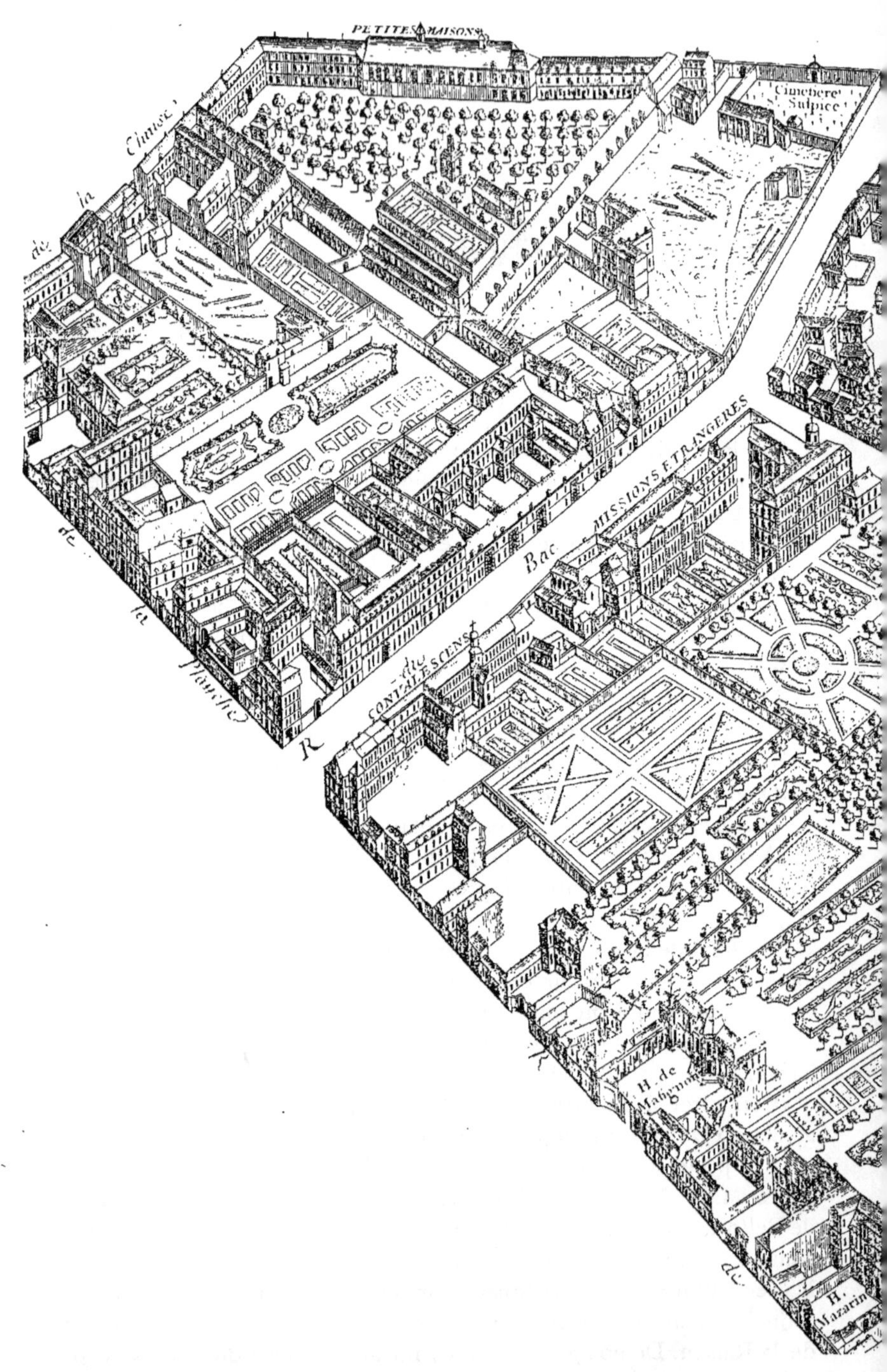

De la rue de Varenne à la rue de

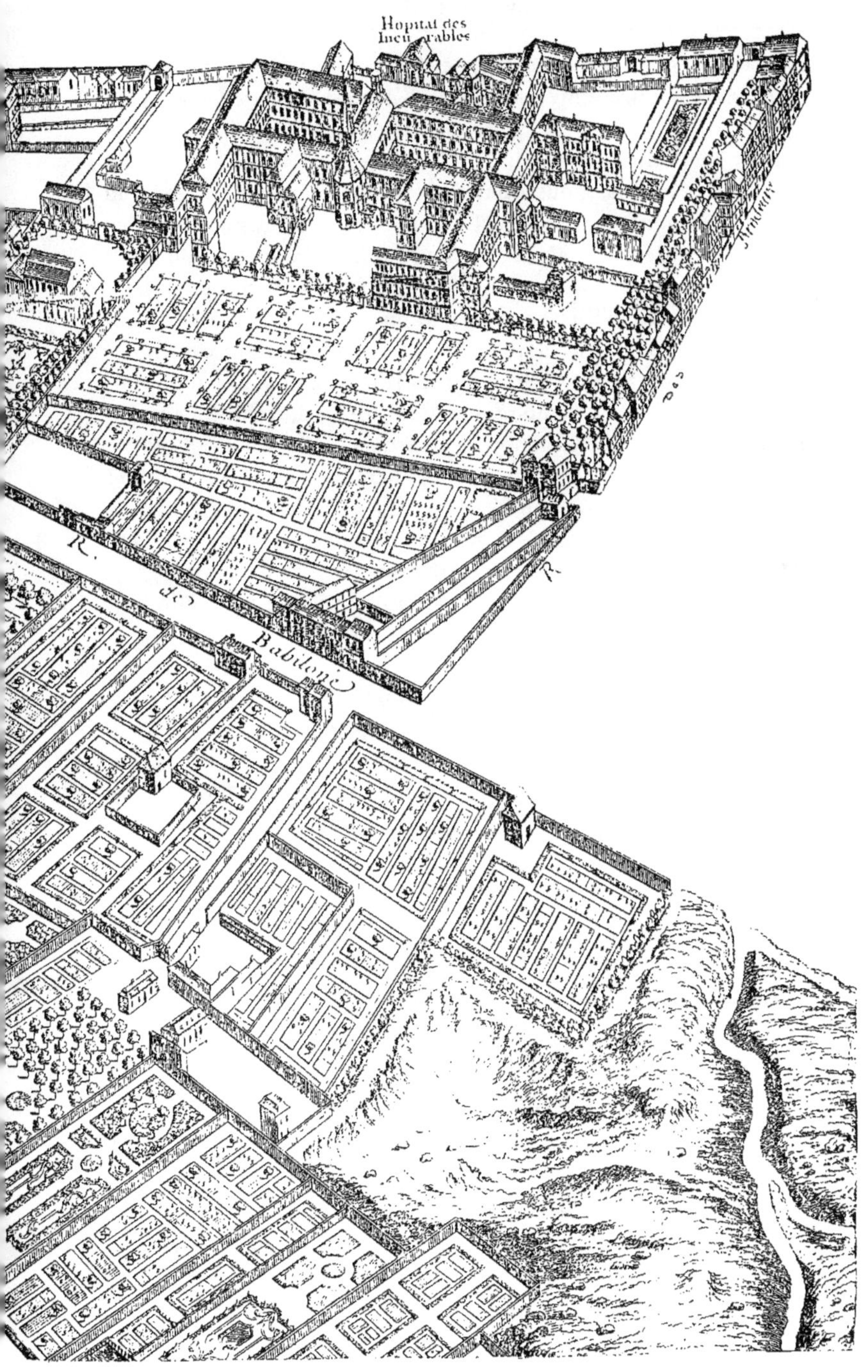

d'après le plan de Turgot (1734-1739.)

par M. le comte d'Andigné de Mayneuf, qui, à sa mort, le laissa à sa femme, sa légataire universel, Marie-Anne-Henriette-Camille de Montagu (acte du 4 juillet 1870). Il appartient à la Caisse paternelle depuis 1889 (acte du 8 juin) (1).

Parmi les locataires, nous relevons les noms suivants : Mme la maréchale de Grammont (1726); Le Pelletier de la Houssaye, conseiller d'État (1732); le président Molé (1738); le duc et la duchesse d'Avré (1741); la comtesse de Montrevel (1754); Bochard de Saron (1762); le marquis de Boulainvilliers (1772); le marquis de Courtemanche, mareschal des camps (1818); Albert Galatin, ambassadeur des États-Unis (1821); la comtesse de Marilhac (1825); le comte de Lavauguyon, lieutenant-général (1827); le comte de Vaulgrenand, gentilhomme du roy (1827); le comte de Graham; le marquis de la Chataigneraye, auteur d'un recueil de poésies et d'un mémoire héraldique sur la maison des anciens princes ou sires de Pons (1829); la vicomtesse de Narbonne Lara, née princesse de Beaufremont (1830); le comte de la Touaine Bigot, inspecteur des travaux publics à Paris (1831); M. Muteaux, député de la Côte-d'Or (1836); le comte Cafarelli, pair de France (1836); le maréchal Vaillant (1854), etc.

Le n° 99 (ex 89) fut vendu comme bien national le 14 floréal an V à Privat Carilhe, membre du conseil des Cinq-Cents, qui le conserva jusqu'au 17 avril 1818, époque à laquelle il fut acheté par M. Bourgoin, inspecteur des Postes. Ce dernier le revendit le 25 septembre 1838 à M. et Mme Legagne, père et mère de la propriétaire actuelle.

1. Voici du reste la liste exacte des propriétaires du n° 97 :
— Pierre-Henri Lemaistre et Marie-Rachel Neuvin, son épouse;
— Dame Jeanne-Henriette Lemaistre, épouse de Joseph de Ségur;
A. 24 ventose an 3 (alors n° 555). — Henri-Gabriel de Ségur;
A. Germinal an 3. — Auguste de Mauperché et Marie-Victoire Mézé, son épouse;
— Marie-Marguerite-Sophie Bordas;
— Louis-Augustin-Emmanuel Bordas Teutenière;
— Mathieu-Pierre Combret;
— Marie-Marguerite-Renée Combret, veuve de Léon-Eloi Raimbert;
— Louis Bordas et dame Marianne-Monique Combret;
— Auguste-Jean de Mauperché;
A. 1er frimaire an XIII. — Jean-Michel-Maximilien Villers (architecte) et dame Marie-Denise Lemoine, son épouse;
A. 29 avril 1809 (alors n° 87). — Mgr François-Joseph-Marie-Antoinette-Hubert-Ignace prince de Salm-Dyck et dame Constance-Marie de Théïs, son épouse;
A. 26 janvier 1824. — Mme Désormand, négociant en cristaux;
A. 16 décembre 1857. — Mme Caroline-Melchior Renaud, qui le partagea, à sa mort, entre ses enfants;
A. 5 mars 1856 (elle est devenue n° 97 en 1850). — M. le comte d'Andigné de Mayneuf;
A. 4 juillet 1870. — Marie-Anne-Henriette de Montagu;
A. 22 janvier 1873. — M. et Mme Bougleau;
A. 8 juin 1889. — La Caisse paternelle.

Ont demeuré dans cette maison : M. Lepeyre, inspecteur des Ponts et Chaussées (1814) ; le comte Miaulis (1818) ; la vicomtesse de Saint-Aignan (1819) ; la princesse Galitzin (1825) ; le baron de Lagarde (1827) ; M. Loyson de Guinaumont (1829) ; le comte de Florac (1830) ; le marquis de Foucault, ancien député (1831) ; le comte de Laroche-Lambert (1841) ; la comtesse Marescot (1846) ; le comte de Rochebrune (1850) ; le comte de Sanzay (1869) ; le comte de Noé, le père de Cham ; le comte de Rochechouart ; le comte Gédéon de Clermont-Tonnerre ; le général Aymard, etc.

On voit encore au n° 99, quelques jolies boiseries et quelques dessus de porte intéressants.

Ajoutons que M. et Mme Legagne ont fait construire, entre cour et jardin, un petit hôtel qui a été successivement habité par le comte de Damas ; Mme la marquise de Maupas et M. Logerotte, député.

Le n° 101 (ex 91) a appartenu à Pierre-Alexandre-Hubert, vicomte d'Aubusson, marquis de la Feuillade. Après lui, cet immeuble est resté quelques années entre les mains de la *Société des nus-propriétaires*, puis, fut acheté, en 1855, par Mme Coustou, descendante du grand sculpteur.

Au nombre des locataires, nous citerons : le comte de Polignac, maréchal des camps (1810) ; le comte de Fermont (1823) ; le baron de Bastereau (1829) ; M. Passon des Bassyns, député de Bourbon (1838) ; S. S. le comte d'Albon, pair de France (1830) ; la comtesse de Derochambault (1836) ; le comte de la Bouillerie (1838) ; M. Pouget de Saint-André, la comtesse de Boye (1846) ; le comte de Falloux, ex-ministre de l'Instruction publique (1850) ; le comte de Boïel (1850) ; le comte de Kergolay (1869), qui collabora au *Journal de l'agriculture pratique* et qui a publié une étude littéraire sur Alexis de Tocqueville ; la comtesse de Beaufort et de Coriolis ; la comtesse de Mesnard ; la comtesse de Montalembert, veuve de l'ancien pair de France, etc.

La construction de cet hôtel doit remonter à la fin du règne de Louis XIV. On y voit de belles boiseries Louis XV et Louis XVI, des plafonds et des dessus de porte bien sculptés. Signalons d'une façon toute particulière les boiseries qui se trouvent dans le corps de bâtiment situé entre cour et jardin, au premier étage, et dans l'une des chambres à coucher du rez-de-chaussée.

C'est sur l'emplacement du n° 103 (ex 93) qu'on a ouvert la rue de Commaille. Cet immeuble avait été habité par : le marquis de Giac (1838), cousin de la reine Hortense par alliance et dont le père mourut

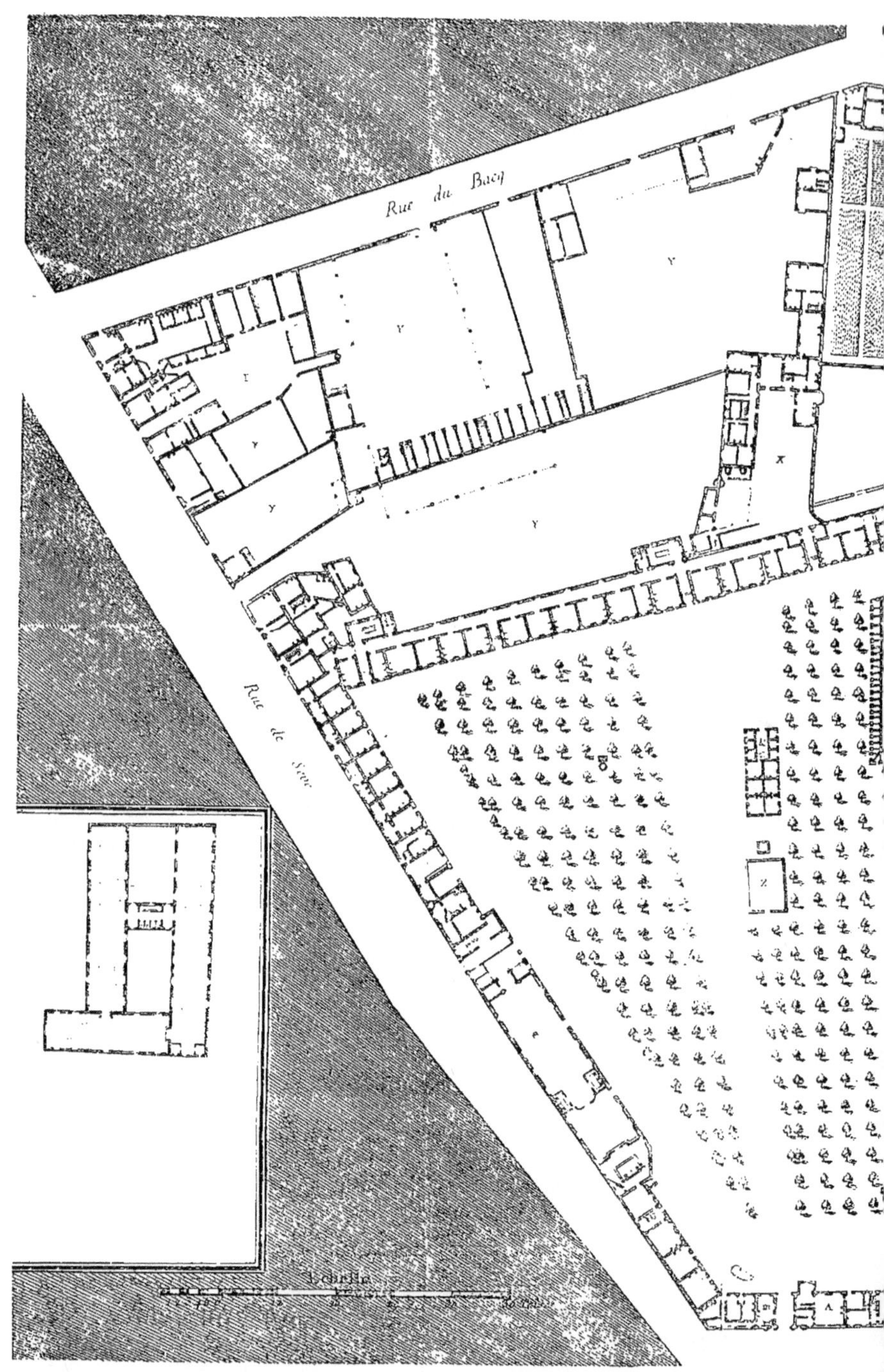

L'hôpital des

Extrait des *Mémoires sur les*

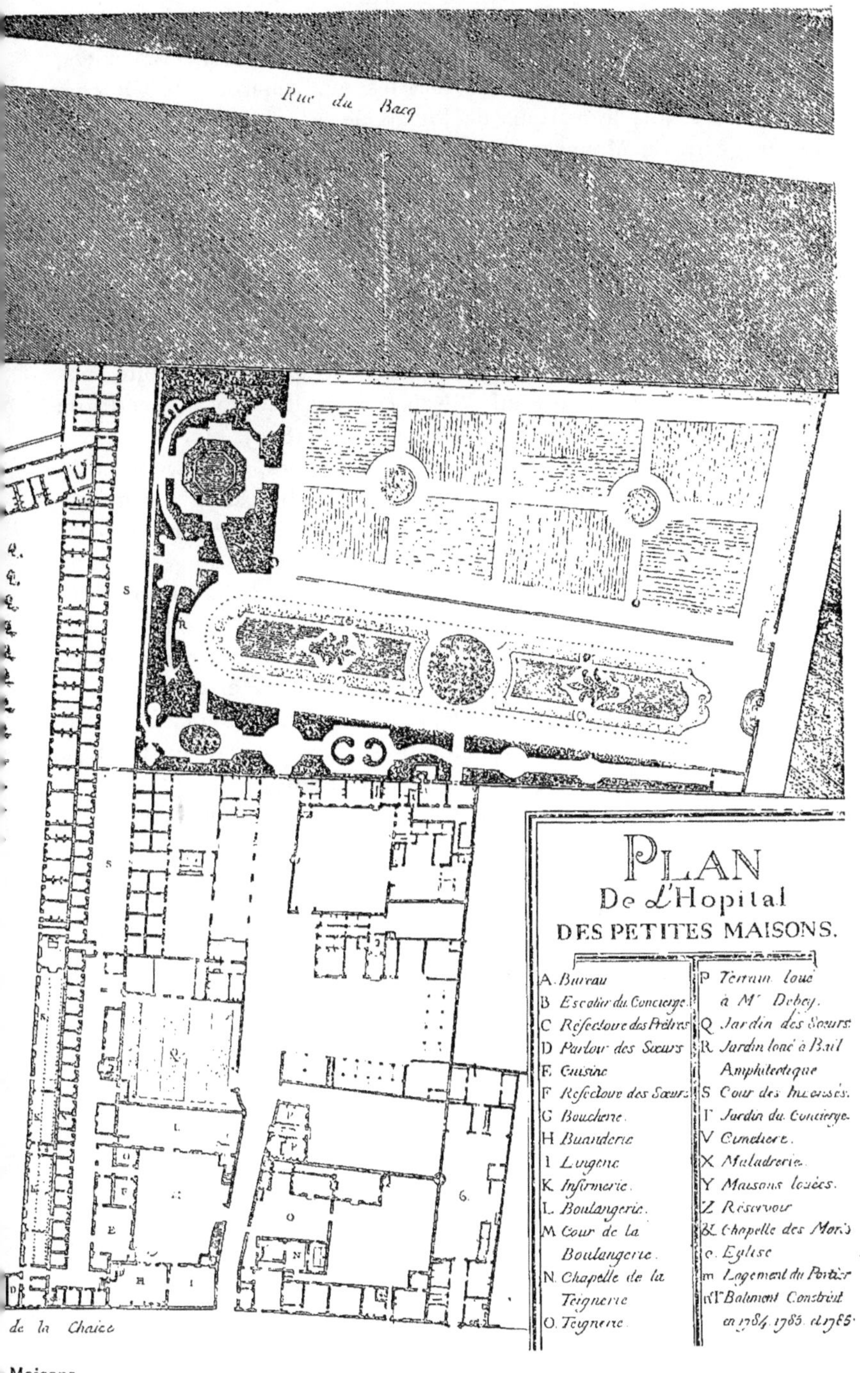

-Maisons.

aux de Paris, par Tenon.

révolutionnairement ; le duc de Saint-Aignan (1819) ; M. Desmortiers, procureur du roi (1843) ; le baron Duquesnoy, le marquis de la Roche-Lambert (1850) ; le marquis de Joviac, le marquis de Roy (1864), Le Sergeant de Monnecose, ancien député, le cardinal de Bonnechose (1869), etc.

Enfin de la rue de Commaille à la rue de Sèvres se trouvait une assez grande quantité de maisons particulières, qui avaient été construites, pour la plupart, par l'hospice des Petits-Ménages. Une seule mérite une mention : l'ancien n° 107 (ex-97) où fut installé, en 1823, le Bureau des nominations et affaires ecclésiastiques, qui dépendait de S. Em. le grand aumônier, le prince de Croï. Ont habité dans cette maison : le comte Senft-Pilsah (1821) ; le baron Quinette de Rochemont (1827) ; le comte de Franqueville (1850), etc.

Toutes ces maisons ont disparu de nos jours, à l'exception du n° 105 (propriété de Mme la duchesse de Caraffa) et du n° 115 qui est une annexe du Bon-Marché. Les locataires de ce dernier hôtel ont été : M. de Grosbois, pair de France (1816) ; le comte Eugène d'Harcourt, député de Seine-et-Marne, gentilhomme de la chambre du roi (1818) ; le comte de Lévis, pair de France ; de Bourgon, député (1829) ; le comte de Vaublanc, Ministre d'État, du conseil privé de Sa Majesté, du conseil supérieur du commerce et des colonies, de l'académie des Beaux-Arts, député de la Guadeloupe, du Calvados, etc. (1829) ; le vicomte de Montboisier Canillac (1836) ; le baron de Schonen, procureur général près la Cour des comptes, pair de France (1836) ; général vicomte de Cessac (1840) ; Dambray, représentant du peuple (1850), etc.

Sur l'emplacement de ces différentes maisons (les n°s 105 et 115 exceptés), on a élevé :

1° Celles qui portent aujourd'hui les n°s 107, 109, 111 et 113 (ancien *hôtel Boucicaut,* transformé en annexe des magasins du Bon-Marché) ;

2° La partie de la rue de Babylone (1) comprise entre la rue du Bac et la rue de la Chaise ;

3° Enfin, les grands magasins du Bon-Marché, qui occupent, en outre, la plus grande partie des terrains restés vacants à la suite de la démolition de l'hospice des Petits-Ménages (2), qui lui-même avait remplacé l'ancienne *maladrerie Saint-Germain.*

1. Elle s'est appelée *rue de Lafresnay*, puis *rue de la Maladrerie,* enfin *petite rue de Grenelle.* Elle prit le nom de Babylone en 1670. Elle commençait (il n'y a pas bien longtemps encore) à la rue du Bac : aujourd'hui, elle commence à la rue de la Chaise. En 1816, elle comptait encore au nombre des rues dont les numéros étaient *rouges.* (De la Tynna.)

2. L'autre partie est occupée par le square des Petits-Ménages.

On possède très peu de renseignements sur cette maladrerie (la suppression en remonte, il est vrai, à l'année 1544) et encore ces renseignements sont-ils souvent contradictoires. Ainsi Delamarre signale l'existence de cet établissement au temps de Philippe-Auguste (1180-1223) et Piganiol attribue sa fondation à Charles VIII (1483-1498). « Le roi Charles VIII, dit-il, ayant porté ses armes victorieuses dans le Royaume de Naples, ses troupes en rapportèrent une maladie qui, à ce qu'on dit, avait été jusqu'alors inconnue en France... Aussitôt, c'est-à-dire en 1497, la Ville entrant dans les vues du Parlement, prit à loyer une place qui appartenait à l'abbé de Saint-Germain des Prés,

Les premiers bâtiments des Petites-Maisons élevés en 1557, d'après un croquis de M. Bienvenu.
(*Topographie historique du vieux Paris*, par Berty.)

y fit construire quelques bâtiments à la hâte, et on reçut successivement tous les vérolés qui s'y présentèrent. On donna à cette espèce d'hôpital le nom de maladrerie Saint-Germain. »

Piganiol est dans l'erreur puisque, d'une part, dans le censier de 1355, la maladrerie Saint-Germain figure sous le nom de *Maladrerie Saint-Thomas,* sans doute parce qu'il s'y trouvait une chapelle de ce vocable, et que d'autre part, on trouve trace de cette maladrerie dans les archives de l'abbaye de Saint-Germain des Prés, à partir du milieu du XIVe siècle.

Paris possédait trois léproseries ou maladreries : *Saint-Lazare; Saint-Valère,* dans le faubourg Saint-Michel, qui fut réunie avec ses biens à l'Hôtel-Dieu, par arrêt du 2 juillet 1700 ; enfin, *Saint-Ger-*

main, qui était située le long et du côté septentrional de la rue de Sèvres, entre les rues du Bac et de Babylone.

Nous venons de dire que la suppression de la maladrerie Saint-Germain avait été décidée en 1544. Les bâtiments devaient même, aux termes d'un arrêt du 27 janvier de la même année, être complètement démolis ; mais, sur les instances des religieux de l'abbaye de Saint-Germain des Prés, cet arrêt fut annulé et le Parlement en rendit un second à la date du 27 novembre 1548, en vertu duquel la maladrerie Saint-Germain devint, moyennant certaines redevances, la propriété du bourgeois Robert Fallentin. Dix ans après, ce dernier la revendit aux commissaires de l'Assistance publique autorisés par Henri II à faire construire, dans les faubourgs de Paris, un ou deux hôpitaux « segrégés de voisins, pour illec loger et nourrir lesdicts pauvres mendians en petites loges et eschoppes, de neuf ou douze pieds en carré chascune, selon les pourtraicts, desseings et modèles » présentés au Parlement. (Lettres patentes du 11 novembre 1554.) Le nom d'hôpital des *Petites-Maisons* n'a pas d'autre origine que cette subdivision des locaux en un grand nombre de *loges*. A ce sujet, MM. Berty et Tisserand font remarquer que « les lettres patentes de Henri II avaient été précédées, à dix ans de distance, d'autres lettres datées du 7 novembre 1544, par lesquelles François Ier attribuait au Prévôt des marchands et aux Échevins de la ville de Paris la *supérintendance,* soin et entretien de la communauté des Pauvres ». *(Topographie historique du vieux Paris.* Région du bourg Saint-Germain.)

A partir de 1554, l'ancienne maladrerie Saint-Germain, qui, d'après l'acte de vente, comprenait seulement une *maison,* avec *court, estables* et *jardin,* d'une superficie de trois arpents environ, fut l'objet d'agrandissements et de transformations successifs. En 1557, on éleva les bâtiments dont nous donnons une vue ; en 1611, le nouvel hôpital fut agrandi du côté de la rue de Babylone ; en 1615, la chapelle fut réédifiée (1); en 1643, d'importantes acquisitions de terrains furent faites du côté de la rue du Bac. Enfin, comme on recevait indistinctement dans cet hôpital les pauvres de toutes les paroisses de Paris et que le nombre en augmentait chaque jour, le grand bureau fit construire en 1785, sur les plans de l'architecte Buron, approuvés par Antoine, architecte du roi, un bâtiment considérable qui occupait tout le fond de la cour.

Notre plan indique quelle était l'étendue de l'hospice en 1788.

1. Pendant la Révolution, cette chapelle fut convertie en orangerie : elle fut rendue à son ancienne destination par ordonnance du mois de mars 1817.

Une Résurrection peinte par Balthazar, élève de Restout, ornait le maître-autel.

Avec la Révolution le régime des Petites Maisons fut modifié. Par la loi du 25 mai 1791, la Municipalité de Paris fut chargée de l'administration de tous les revenus des indigents. « Elle créa dans son sein, sous le nom de commission municipale de bienfaisance, un comité qu'elle chargea de former un état des revenus des pauvres, de les distribuer et de donner un plan d'assistance publique. C'est à lui que l'on doit l'institution des bureaux de bienfaisance, fondée par la loi du 7 thermidor, an V. »

Enfin, un règlement du 10 octobre 1801 réorganisa complètement l'hospice auquel on donna le nom de *Petits ménages*. Précédemment, on y recevait les vieilles gens infirmes, hommes et femmes, les insensés, les vénériens, les teigneux. A partir de ce moment, l'établissement fut affecté exclusivement aux époux en ménage, aux veufs et veuves âgés d'au moins soixante ans. On y reçut en outre les reli-

Le Bon-Marché en 1852.

gieuses que la Révolution avait privées de leur demeure : la dernière d'entre elles quitta l'établissement en 1852.

Les bâtiments de l'hospice avaient été fort négligés pendant la période révolutionnaire et, au moment où le règlement de 1801 reçut son exécution, ils avaient besoin d'importantes réparations. D'autre part, l'installation matérielle était tombée dans le plus triste état ; il y avait à peine, en vieux linge, deux paires de draps et deux chemises par individu (1).

Commencés en 1821, les travaux furent continués en 1828 et 1843 et c'est à cette dernière époque qu'on substitua, aux anciens murs délabrés qui fermaient l'établissement du côté de la rue de la Chaise, le bâtiment très simple que nous avons connu. En 1847, grâce à une libéralité de 20.000 francs faite par M. le général de Feuchères, on procéda à l'installation de nouveaux dortoirs.

Malgré toutes ces améliorations, l'hôpital des Petits-Ménages était loin de réunir toutes les conditions propres à sa destination, et, d'autre part, sa présence dans un quartier aussi habité que le

1. Rapport au Conseil général des hospices, par M. le comte de Pastoret.

faubourg Saint-Germain avait de sérieux inconvénients. Aussi ces différentes considérations amenèrent-elles l'Assistance publique à transférer cet établissement à Issy. Commencé en 1860, sous la direction de M. Véra, architecte, le nouvel hospice fut occupé en 1864.

Avant de quitter ce côté de la rue du Bac, nous rappellerons que c'est dans l'une des maisons appartenant aux Petits-Ménages que s'est établi, au commencement de ce siècle, un modeste magasin ayant pour enseigne le *Bon-Marché*. Cette maison, qui a disparu tout récemment, faisait l'angle des rues de Sèvres et du Bac. Elle avait été construite sur l'ancien cimetière de la Trinité, établi là en 1689 et qui disparut en 1747. C'est à tort que certains historiens prétendent qu'on a ouvert, pendant la révolution, sur l'emplacement de ce cimetière, un *bal* dit des *Zéphirs*. Le cimetière de la Trinité n'est mentionné sur aucun plan postérieur à celui de Delagrive, qui date de 1728, et, d'autre part, au moment de la Révolution, les maisons en bordure sur les rues du Bac et de Sèvres étaient construites depuis longtemps déjà. (Voir notre plan dressé en 1788.) Le bal des Zéphirs fut ouvert sur l'emplacement du cimetière de Bagneux, l'un des trois cimetières de Saint-Sulpice, qui avait été fermé au commencement de l'année 1784, et dont les portes présentaient un sablier ailé, avec cette belle inscription qu'on lit encore sur les deux piliers de la porte des catacombes :

Has ultra metas requiescant beatam spem expectantes (1).

Montesquieu, dit-on, a été enterré dans le cimetière de Bagneux.

Revenons au magasin du Bon-Marché. Il fut vendu, en 1852, par son propriétaire, M. Videau, à M. Boucicaut, employé au Petit Saint-Thomas. Il comptait alors une douzaine d'employés. Aujourd'hui, il en occupe trois mille cinq cents et fait cent vingt-cinq millions d'affaires par an. Ajoutons, à l'honneur de M. et Mme Boucicaut (2), que leur œuvre n'est pas seulement une œuvre commerciale colossale ; en faisant participer leurs employés aux bénéfices, soit sur les affaires de la maison, soit sur la vente générale des rayons, ils ont fondé une œuvre philanthropique de premier ordre.

La première pierre de l'édifice actuel fut posée le 9 septembre 1869.

Ainsi qu'on peut s'en rendre compte en jetant les yeux sur le plan de Turgot, la plus grande partie du côté droit de la rue du Bac, entre

1. Au delà de ces bornes, ils reposent en attendant une autre vie.

2. M. Boucicaut est né à Bellême (Orne) le 14 juillet 1810 ; il est mort le 26 décembre 1877. C'était le fils d'un chapelier. Mme Boucicaut continua l'œuvre de son mari et lui donna même une extension considérable. Tout le monde connaît le testament de cette femme de bien.

les rues de Varenne et de Babylone, était occupée, au milieu du XVIIIe siècle, par deux grands établissements : l'hôpital des Convalescents et le séminaire des Missions étrangères. On y voyait aussi quelques hôtels et maisons particulières, entre autres les trois immeubles qui font le coin de la rue de Varenne et qui portent aujourd'hui les n°s 98, 100 et 102. Disons tout de suite que ces immeubles ne contiennent absolument rien d'intéressant ; quelques noms de locataires méritent seulement une mention particulière.

Cadoudal a, dit-on, habité au 98, dans l'une des chambres situées au-dessus du marchand de vins.

Le n° 100 (ex-92), nouvellement rebâti, occupe l'emplacement de l'ancien hôtel de Talaru, dont la construction remontait au commencement du XVIIIe siècle. Il avait été habité, en 1830, par M. le comte François de Régis de la Bourdonnaye ; en 1847, par M. le marquis de la Coste ; puis, à la mort de ce dernier, par Mme la comtesse de Turenne. L'hôtel fut démoli en 1892 (1).

Enfin, les locataires ou propriétaires du 102 (ex-94) ont été : M. Delaplante (1816) ; le comte de Montcalm et le comte de Sainte-Maure (1821) ; M. et Mme de Gourgues d'Aulnay ; la comtesse de Beaucours, supérieur de la maison des Dames de la Charité ; le baron d'Hervey, intendant militaire ; M. Luppé Irène, représentant du peuple (1850) ; le comte et la comtesse de Sainte-Aldegonde.

Mis en adjudication au mois de mars 1890 (2), il est aujourd'hui occupé par l'*École Saint-Germain*.

Après ces trois maisons se trouvait l'hôpital des Convalescents.

L'idée première d'un établissement de ce genre remonte à 1628, sous Louis XIII. Elle n'eut pas alors de suite, mais elle répondait à un besoin réel et elle reparut en 1650 (3). Mme Angélique Faure, veuve du surintendant des finances, Claude Bullion, s'entendit avec Pierre Camus, ancien évêque de Belley (4), pour fonder, rue du Bac, un asile où seraient recueillis, pendant quelque temps, un certain nombre de pauvres malades sortant des hôpitaux et ayant besoin d'un peu de repos avant de se remettre au travail. Mme de Bullion, désirant garder l'anonyme, André Gervaise, ancien chanoine de Reims,

1. Voir appendice n° 13.
2. Voir appendice n° 14.
3. Quelques années après, 1676, le cardinal Mazarin légua une somme de 70.000 francs pour une fondation du même genre. L'arrêt est du 24 novembre 1676. Mais, cette fondation autorisée par le Parlement, n'a laissé aucune trace dans l'histoire.
4. Ce prélat a été enterré dans l'église des Incurables. (Oraison funèbre de messire Jean-Pierre Camus, ancien Evesque de Belley, prononcée en l'église de l'hôpital des Incurables, le dix-septième jour du mois de mai 1653, en présence des Cardinaux-Archevesques et Evêques, qui se sont trouvez à Paris, par Messire Antoine Godeau, Evesque de Grasse et de Vence. Paris in-4°, 1653.)

fut prié d'aviser aux mesures à prendre. Il reçut des mains de Pierre Camus une maison rue du Bac, appartenant à ce dernier, qui consistait « en plusieurs bâtiments, porte-cochère, court, puits et jardins clos de murs, lieux et appartenances d'icelles ». Le contrat de fondation fut passé le 30 mars 1652 (1), devant deux notaires au Châtelet. La prise de possession ainsi que la bénédiction de la chapelle, sous le titre de Notre-Dame des Convalescents, sont du 15 août de la même année. Les lettres patentes d'autorisation, datées du mois d'octobre 1656, ont été enregistrées au Parlement le 21 février 1670.

Les Frères de l'hôpital de la Charité (2) furent chargés de diriger le nouvel établissement, sous certaines réserves nettement déterminées : ils devaient y entretenir « toujours et à perpétuité huict places pour huict malades convalescens; n'admettre aucuns malades, ains seulement ceux qui seraient en convalescence et hors la nécessité des remèdes et non infectés de maladies contagieuses, flux de sang, de ventre et autres semblables; aulcuns convalescents ne devaient demeurer en ladite maison plus longtemps que quinze jours, afin de pouvoir assister les autres qui y viendraient en leur lieu. Et outre qu'il n'y aura médecin, chirurgien, un apothiquaire aud hôpital des convalescents, qui est seulement institué pour donner moyen aux dits convalescents de reprendre leurs forces, et s'y aucuns des convalescents avoient besoin de remèdes ou retombassent en malladies, ils retourneraient audit hôpital de la Charité », dont les Convalescents étaient en quelque sorte une annexe.

Par une exclusion singulière, les prêtres, les soldats et les laquais n'y pouvaient entrer : les premiers, parce qu'ils avaient les honoraires de leurs messes ; les seconds, parce qu'ils avaient leur paie ; les troisièmes, parce qu'ils pouvaient se retirer chez leurs maîtres. Dans la suite, on se départit de ces règles un peu rigoureuses.

En 1775, au témoignage de Jaillot, on comptait vingt et un lits et les convalescents y séjournaient huit jours seulement. En 1792, il y avait vingt-quatre lits.

L'hôpital des Convalescents qui, avec toutes ses dépendances, occupait une superficie de 2415 mètres, fut vendu, par l'administration des hospices, le 25 septembre 1812.

Des maisons particulières ont été construites sur son emplacement ; mais il subsiste encore des parties assez importantes de l'ancien hôpital.

1. Voir appendice n° 15.

2. Cet hôpital a été fondé par Marie de Médicis en 1605 ; mais il ne fut établi rue des Saints-Pères qu'en 1606, à la suite d'un échange de terrain avec Marguerite de Valois, première femme de Henri IV.

Ont habité : au n° 104 (ex-96), Mme la vicomtesse de Talleyrand (1816-1827); Mme la marquise de Gaillon (1829-1846); M. le comte Desrivières (1836); Mme la marquise d'Avrincourt, Mme la marquise de Thuisy, M. le comte Despies, M. le comte de Chevigné, M. d'Abbadie, membre de l'Institut (1869).

Au n° 106 (ex-98), M. Fabre, peintre d'histoire et paysagiste (1830); M. Beslay, député (1834); Mme Clerval (1846).

Le n° 108 (ex-100), qui appartient depuis 1864 à M. le comte de La Rochefoucauld, duc de Bisaccia, provient de l'hôpital des Convalescents. « Les religieux dudit hôpital l'avaient acquis d'Élisabeth Nau, veuve de Claude Mesnard, le 27 novembre 1660. Puis, sur ce contrat, était intervenu, le 2 juillet 1663, un décret par lequel ladite maison et deux autres mentionnées audit décret furent adjugées à M. Percheron, procureur, qui, par acte du 1er mars 1666, passa déclaration au profit des religieux dudit hôpital (1). »

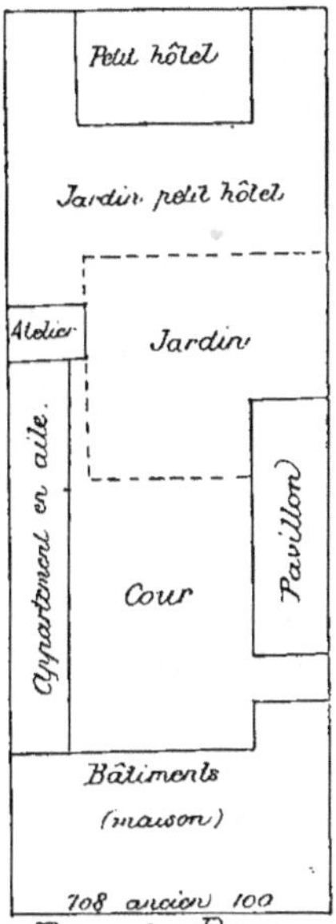

Rue du Bac
(Contenance : 3290 m.)

M. Barbeau, mandataire de M. le duc de Bisaccia, et de qui nous tenons ces renseignements, s'empresse toutefois d'ajouter que cette date de 1660 ne saurait être considérée comme la date de construction des bâtiments. « Mon impression personnelle, dit-il, est que les bâtiments ne peuvent remonter à plus de soixante-dix ans. »

Au nombre des locataires de cet immeuble, nous citerons tout d'abord Laplace, mathématicien et astronome. Une plaque de marbre noir, posée près de la porte cochère, rappelle que ce savant y

1. Extrait d'un contrat reçu par MM. Bellanger et Champion, notaires, et qui se trouve reproduit dans un acte du 30 juin 1812 concernant l'échange, entre M. Morel et les hospices de Paris, de la dite maison :

« Le 30 juin 1812, M. Fesquet, au nom de l'administration des hospices, cède et abandonne, à titre d'échange, à M. Robert Morel, propriétaire demeurant à Paris, rue Traversière Saint-Honoré, n° 37, une maison sise à Paris rue du Bacq, n° 100, faubourg Saint-Germain, consistant en un principal corps de bâtiment sur la rue du Bacq, deux autres en aile, une cour et un jardin.

« Cette maison provient du cy-devant Hôpital des Convalescents de la Charité. »

« M. Morel cède et abandonne en échange de la maison rue du Bacq (100), une ferme située dans l'arrondissement d'Evreux (Eure), consistant en bâtiments et dépendances contenant 41 ares, 25 centiares ; et 51 pièces de terre en labour formant ensemble 23 hectares, 6 ares, 60 centiares ; terres situées dans l'arrondissement du bureau des hypothèques de Pontoise, département de Seine-et-Oise, ces terres contenant 21 hectares, 87 ares, 45 centiares, divisées en 2 parties. »

est mort le 3 mars 1827; la marquise de Neuville (1830); Ampère fils, homme de lettres (1832); MM. le baron Nau de Champlonis et Pauvilliers, tous deux pairs de France (1846). Enfin, la Direction générale des Mines, qui dépend du Ministère des Travaux publics, a occupé, pendant plusieurs années, le 1er étage du n° 108.

Au n° 110 (ex-100 *bis*), nous relevons les noms de Mme la comtesse de Villefort (1819); du lieutenant-général Becker (1822); du peintre Édouard Swabach (1827); du vicomte de Grassin (1828); de Mme la princesse de Comène (1832); de Mme la comtesse Dubois de la Véronière (1832); du duc de Castries, pair de France; de Mme la comtesse de Merville, de Mme Dorval (1846), etc., etc.

Mme Dorval jouait à cette époque, avec Bocage, à l'Odéon, une pièce de Ponsard, *Agnès de Méranie*, pièce qui n'eut du reste qu'un succès d'estime. Ce fut l'un des derniers grands rôles créés par cette actrice célèbre. Elle mourut le 20 mai 1849, de chagrin de la mort de son petit-fils et peut-être aussi du dégoût que lui inspiraient les jalousies dont elle était la victime depuis plusieurs années. Elle avait cinquante et un ans (1).

Mme Dorval demeura peu de temps rue du Bac, l'appartement qu'elle y avait loué n'étant pas de son goût. « Tout ne va pas mal, écrivait-elle un jour à son ami Georges Sand, sauf cet appartement que vous trouvez si joli, mais qui est sombre et me fait l'effet d'un tombeau. » Elle le quitta pour aller demeurer rue de Varenne, au n° 2, et c'est là que, le 16 mai 1848, elle perdit son petit-fils Georges, qu'elle adorait.

Ont habité :

Au n° 112 : le peintre d'histoire Maignen (1829); la baronne de Presle (1832). (Cette maison, dont la contenance totale est de 1334 mètres a été mise en vente tout récemment.)

Au n° 114 : Mme la comtesse de Montendre;

Au n° 116 (ex-106 et 108), le colonel comte de Cheffontaine; le peintre Lecœur (1836); le sculpteur Orlandi (1838); M. Rey de Jonglas, médecin (1843).

Le n° 118 et le n° 120 (ex-110 et 112) ont été construits sous le règne de Louis XIV et, dit-on, pour deux évêques du séminaire des Missions étrangères.

L'aspect extérieur de ces deux hôtels est identiquement le même, et, à l'intérieur, l'ordonnance en est également semblable. Mais ils n'ont jamais dû former un seul immeuble.

1. Elle était née à Lorient le 6 janvier 1798, de pauvres et obscurs comédiens.

Porte cochère du n° 120.

Au point de vue artistique, nous citerons, en première ligne, les portes cochères, dont nous donnons ici une reproduction : elles contiennent chacune deux médaillons représentant les quatre parties du monde. Il convient de signaler ensuite quelques jolies boiseries et d'assez belles corniches Louis XIV qui se trouvent dans les appartements.

Enfin, derrière ces deux hôtels jumeaux, s'étendent de fort beaux jardins qui dominent celui du séminaire des Missions étrangères.

Ont demeuré au n° 118 : le comte de Cessac, lieutenant-général des armées du Roi, ancien ministre d'État, membre de l'Académie française (1823) ; le vicomte et la vicomtesse Gomberghe, née de Cessac (1831) ; le procureur général Dupin, etc.

Le n° 120 a été habité par le duc de Civrac, maréchal de camp, le vicomte de Fréminville (1821) ; le duc de Lorge, maréchal de France ; la marquise de la Rochetulon (1829) ; le vicomte Emmanuel de Rougé, conseiller d'État ; M. Jules Mohl, professeur au Collège de France, membre de l'Institut, dont le salon eût une certaine célébrité. On y rencontrait toutes les illustrations du temps, le duc de Broglie, Renan, Thiers, etc., etc. On y discutait, dit-on, toutes les élections de l'Académie. Deux fois, sous l'Empire, M. et Mme Mohl y reçurent la reine de Hollande.

A demeuré également au n° 120, M. le marquis de Ségur, conseiller d'État, auteur de plusieurs ouvrages, frère de l'évêque de ce nom.

Mais le plus illustre locataire de cet hôtel fut Châteaubriand, qui, de 1819 à 1848, occupa le rez-de-chaussée. Une plaque en marbre blanc rappelle que l'auteur du *Génie du Christianisme* y est mort le 4 juillet 1848, à l'âge de quatre-vingts ans (1).

« Les obsèques eurent lieu le 8 juillet.

« Dès le matin, une foule considérable, composée de toutes les illustrations de la France, se pressait dans la rue du Bac, aux abords de la maison mortuaire, n° 112, et de la petite église des Missions étrangères, n° 120. Elle était entièrement tendue en noir ; le catafalque était dressé en avant du chœur.

« Dans la cour de l'hôtel des Missions, où une partie des assistants a dû se tenir parce que l'église était trop petite pour recevoir tout le monde, stationnaient deux compagnies d'infanterie chargées de rendre les honneurs militaires à l'illustre défunt.

« A midi et demie a eu lieu la levée du corps : il a été placé sur

1. L'inscription est ainsi conçue : Châteaubriand, né à Saint-Malo, le 4 septembre 1768, est mort dans cet hôtel le 4 juillet 1848.

un modeste corbillard traîné par deux chevaux. Aucun insigne n'aurait pu faire reconnaître la glorieuse dépouille qu'il portait.

« Le deuil était conduit par son neveu, M. Louis de Châteaubriand et ses petits-neveux.

« MM. Hyde de Neuville, de Talaru, J. Ampère et de Rosambeau tenaient les cordons du poële.

« M. Patin a parlé au nom de l'Académie française (1). »

Jardin du séminaire des Missions étrangères.

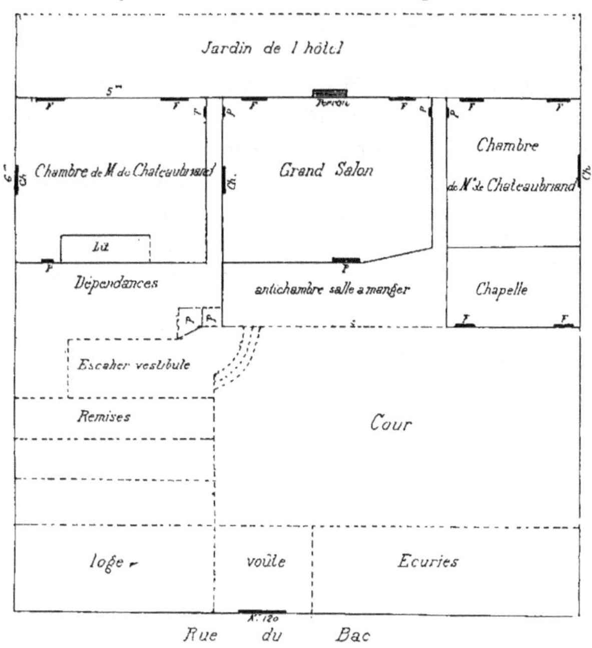

Appartement de M. de Châteaubriand, rez-de-chaussée du n° 120 de la rue du Bac.

Ajoutons que le corps fut déposé dans un des caveaux de l'église des Missions. Il fut transporté ensuite à Saint-Malo, sur l'un des rochers qui défendent l'entrée de la rade et sur lequel Châteaubriand avait, depuis plusieurs années, fait préparer sa dernière demeure.

Victor Hugo et Ampère assistèrent au service de Saint-Malo, à titre de délégués de l'Académie française.

Il ne reste aucun souvenir matériel du séjour de Châteaubriand

1. *Journal des Débats.*

dans cet hôtel. Mais rien n'a été changé à la disposition générale de l'appartement qu'il occupait au rez-de-chaussée. Le salon existe encore tel qu'il était autrefois, ainsi que la chambre, à gauche sur le jardin, dans laquelle il a expiré. Seule la pièce qui donne sur la cour, et que Châteaubriand avait transformée en chapelle, est devenue une salle à manger.

Cet appartement est aujourd'hui celui de Mme de Chocqueuse, née Gigault de Bellefonds, arrière-petite-nièce du maréchal de ce nom.

Nous n'oublierons pas de rappeler que, de 1852 à 1854, le grand appartement du premier étage fut occupé par Mme la marquise de la Roche-Lambert et que c'est là que la future impératrice des Français venait voir la vicomtesse de la Poëse et la marquise de La Bédoyère, dont elle fit plus tard ses dames d'honneur.

Depuis 1880, le n° 120 appartient à la famille de Chocqueuse.

Les n°s 122, 124 et 126 faisaient partie autrefois du séminaire des Missions étrangères, qui n'occupe plus aujourd'hui que le n° 128, maison au coin de la rue de Babylone, dont la large porte cochère est surmontée d'une vierge, au bas de laquelle on lit ces mots :

Monstra te esse matrem.
Priez pour nous.
1er mai 1855.

Ces quatre maisons datent toutes du XVIIe siècle. Mais aucun souvenir particulier ne se rattache à leur existence, qui est étroitement liée à celle du séminaire lui-même. Quelques noms de locataires méritent seulement d'être cités :

Au n° 126 (ex-118), Mme la comtesse de Lamotte, le comte de Laroche-Aymon, pair de France (1817) ; M. Léon de Blanc-Ménil (1830); le marquis de la Ferté (1831); le docteur Masson du Kerlay (1846); etc., etc.

Au n° 128 (ex-120) : le comte d'Hardivilliers (1821); le peintre Mondelet (1831), qui a laissé *un intérieur de l'église des Missions* et une *vue de la cour et de la chapelle.*

Enfin, nous croyons intéressant de rappeler que l'un de ces immeubles (?) fut habité par les *Filles du Précieux-Sang,* de l'Ordre de Cîteaux. Nous avons recueilli fort peu de renseignements sur ces religieuses qui, venues d'un couvent de Grenoble, s'établirent tout d'abord rue du Pot-de-Fer, en 1635. Elles n'habitèrent la rue du Bac que de 1656 à 1658 et allèrent ensuite rue de Vaugirard. Leur existence fut toujours des plus précaires; elles disparurent en 1797.

Les Missions étrangères.

L'idée première de cette institution religieuse revient à M. de Raconis, évêque de Lavaur et directeur de la *Propagation de la Foi* (1637) ; mais elle ne fut mise à exécution que vingt-six ans plus tard, en 1663, par Bernard de Sainte-Thérèse, évêque de Babylone, qui, par contrat passé devant deux notaires du Châtelet le 6 mars de la même année, céda tous ses biens aux sieurs de Morangis et de Garibal, à la condition d'établir une maison où seraient formés des missionnaires qui iraient ensuite dans les pays idolâtres, particulièrement dans la Perse. Les biens abandonnés ainsi par l'évêque comprenaient : « ... Tous les emplacemens, maisons, logemens et bâtimens dudit seigneur évesque scituez audit Saint-Germain des Prés les Paris, tant en ladite rue de la Fresnaye (1) ou petite Grenelle, derrière les Incurables, qu'en la rue du Bac, consistant principallement en trois corps de logis qui font face sur ladite rue du Bac, dont l'une est sur le derrière avec un jardin loué au sieur marquis de Fontenille, qui a transporté son bail, du consentement dudit seigneur évesque pour les six mois restant d'icelluy, et les deux aultres sur icelle rue du Bac, en forme de pavillon, dont l'un est loué au sieur Dumesnil, qui a aussy transporté son bail pour le quartier courant, aussy du consentement d'icelluy seigneur évesque, et l'autre est à louer ; et aussy consistant en trois autres petits corps de logis en fondz l'un de l'autre sur ladite rue de la Fresnaye ou petite Grenelle, avec deux petits jardins, le tout que ledit seigneur occupe à présent et qui ont leurs aspects, savoir : celuy de devant, sur le marais des Incurables, et l'autre sur ledit jardin, joignant le derrière desdits deux corps de logis en ladite rue du Bac ; plus une place vague sur la mesme rue de la Fresnaye ou petite Grenelle, joignant deux petites maisons en fondz l'une de l'autre, appartenant, savoir : celle qui fait face sur icelle rue aux enfants mineurs du deffunt (en blanc) Dragée, et celle qui est au derrière de la veuve Flacoye, et qui séparent ladite place d'avec ledit premier corps de logis de ladite rue de la Fresnaye ou petite Grenelle, tirant vers ladite rue du Bac, contenant ladite place trois thoises et demie de face sur neuf toises ou environ de profondeur ; plus deux arpens de terres en quatre pièces différentes, seizes dans la plaine de Grenelle les Paris, savoir : trois demy arpens au terroir de Sainte-Geneviefve. »

1. Elle figure pour la première fois, sous ce nom sur le plan de Jouvin (1673). Elle commençait alors rue du Bac et aboutissait au nouveau cours.

L'évêque léguait en outre tous ses meubles et sa bibliothèque dont nous parlerons tout à l'heure. Il se réservait seulement, sa vie durant, la jouissance du logement qu'il occupait dans la rue de la Fresnaye (rue de Babylone) ; une rente de 3000 £, qui devait lui être payée annuellement par les sieurs de Morangis et de Garibal ; enfin, une autre rente de 300 £ au profit de deux autres personnes.

Mais, par un acte du 18 mars 1663, MM. de Morangis et de Garibal se désintéressèrent de toute immixtion dans la fondation du séminaire au profit de deux docteurs en théologie, Michel Gasil et Armand Poitevin, qui remplirent du reste parfaitement les intentions de l'évesque de Babylone.

Des lettres du Roi, en date de juillet 1663, confirmèrent le contrat du 16 mars et l'acte de renonciation du 18. Elles furent enregistrées au Parlement le 7 septembre suivant et l'abbé Saint-Germain, par un décret du 10 octobre, approuva la fondation.

Bernard de Sainte-Thérèse mourut le 10 avril 1669 et fut enseveli dans la chapelle du séminaire qu'il avait fondé. Cette chapelle disparut en 1683 pour faire place à l'église que nous voyons aujourd'hui et qui fut construite par Dubuisson père. La première pierre en fut posée, au nom du Roi, par l'Archevêque de Paris, François de Harlai, le 24 avril 1683. Des pilastres d'ordre ionique, un fronton triangulaire décorent la façade de cet édifice. A droite et à gauche, un escalier en pierre donne accès dans l'intérieur, qui est d'une extrême simplicité. Cette église est à deux étages, c'est-à-dire qu'une chapelle se trouve au rez-de-chaussée et l'autre au-dessus. La chapelle du rez-de-chaussée, dite la chapelle *basse,* était ornée de tableaux de Mauperrin : une adoration des Mages, le portrait de la Vierge et saint François-Régis. Dans la chapelle *haute,* on voyait un bas-relief représentant la Foi, l'Espérance et la Charité, par Bernard; sur le rétable, une adoration des Mages, par Coudère; dans le chœur, Jésus chassant les vendeurs du Temple, par Bon Boulogne, et le lavement des pieds, par le même. Dans la nef, une Sainte-Famille, par Restout, et une autre Sainte-Famille, par André Bardon. De tous ces tableaux, il ne reste plus, dans la chapelle haute, que l'adoration des Mages, par Coudère. Tous les autres ont disparu depuis la Révolution, ainsi qu'une grille en fer forgé, assez belle, dit-on, qui entourait l'étroit espace réservé au public. Cette grille a été remplacée par une grille en fonte.

LA BIBLIOTHÈQUE

Au moment de la Révolution, le séminaire des Missions étrangères

Église des Missions étrangères.

(*D'après un dessin à la plume de M. Vaucanu.*)

possédait une bibliothèque de vingt mille volumes environ, qui provenaient presque tous de donations particulières (1). Les plus importantes furent celle de Bernard de Sainte-Thérèse, évêque de Babylone, vers 1663, et celle de Christophe Duplessis, baron de Monbart, conseiller du Roi en ses conseils (1672).

Le catalogue des ouvrages donnés par l'évêque de Babylone remplit sept pages in-folio. Il est conservé aux Archives nationales (2). Il contient un grand nombre d'ouvrages relatifs à la théologie, au nombre desquels il faut citer les manuscrits autographes du prélat, formant quatre-vingt-un volumes. Ajoutons que le nom de Bernard est inscrit sur presque tous les volumes qui lui ont appartenu (3).

La donation faite par Christophe Duplessis n'était pas moins importante : l'inventaire remplit deux cent cinquante-huit feuillets in-folio.

Les ouvrages les plus remarquables de la bibliothèque des Missions étaient : les quatre Bibles polyglottes et les principaux interprètes; les Pères et un peu de liturgie; les conciles de Labbé et Hardouin; les quatre principales histoires ecclésiastiques; Buffon, l'encyclopédie; Moréri; Lamartinière; les journaux des savants, de Trévoux et de Verdun; quelques manuscrits de Dupin sur les fiefs; les ouvrages de Bonnet; enfin, plusieurs manuscrits chinois et malabares. Le fond de cette importante bibliothèque se trouve aujourd'hui réparti entre les bibliothèques Nationale et Mazarine.

Le séminaire des Missions étrangères est ce bâtiment qui se trouve au fond d'un petit jardin, à droite de la cour de l'église, en entrant par la rue du Bac : sur la façade on voit encore un cadran solaire.

Voici la description du bâtiment d'après un manuscrit de l'époque, qu'a reproduit M. l'abbé Adrien Launay dans sa très intéressante notice sur le séminaire des Missions étrangères (4) :

« Il est distribué en triple, à tous les étages, au moyen d'un corridor de toute sa longueur éclairé aux deux extrémités; le corridor

1. Voici quelques noms de donateurs :
1664. — Vincent de Meur, premier directeur des missions (meubles et livres);
1666. — Nicolas Ambert, vicaire apostolique de la Chine (livres);
1683. — J.-B. Chomel, prêtre, donne sa bible en plusieurs langues (6 vol.);
1727. — Louis de Cicé, vicaire apostolique de Siam et évêque de Sabule (meubles et livres);
1741. — J. Francois de Saint-Laurent, etc, etc.

2. Il a pour titre : « Mémoire des livres de la bibliothèque de deffunct Mgr l'Evêque de Babylone, trouvez en la maison où il est déceddé, scize au fauxbourg Saint-Germain, petite rue de Grenelle, prisés et estimés par nous Berret et Bilaine, marchands libraires, à Paris. »

3. Cette inscription est ainsi conçue : « ex bibliotheca Révérendissimi Fr. Bernardi a S. Thérésa épiscopi Babylonensis. »

4. *Le Séminaire des Missions étrangères pendant la Révolution.*

du rez-de-chaussée est coupé par une cloison, et celui du premier étage, à une de ses extrémités, par une grande grille à hauteur d'appui. Le rez-de-chaussée est distribué en plusieurs grandes pièces, le premier étage a treize pièces à droite et à gauche du corridor, dont dix à cheminées; il est exploité par quatre escaliers avec rampe de fer, dont un grand monte de fond en comble, un autre monte jusques au second étage, le troisième sur la cour de la rue de Babylone s'arrête au premier étage, et le quatrième, qui est un escalier dérobé, prend du second étage jusques au quatrième, à droite du bâtiment. »

« On comptait 37 chambres. Un large vestibule conduisait sur un perron garni de deux rampes en pierre, d'où la vue embrassait le jardin du séminaire et les jardins voisins avec leurs massifs de grands arbres au-dessus desquels s'élevait le dôme des Invalides. »

Le plan de Turgot nous indique quelle était l'étendue, vers le milieu du XVIIIe siècle, du séminaire des Missions étrangères et celle des jardins. Ces derniers ont été beaucoup diminués par le percement de la rue Vaneau et par la construction de nouveaux hôtels; mais, par contre, les immeubles primitifs ont au moins triplé d'importance par suite de la construction, toute récente, du corps de bâtiment qui longe la rue de Babylone.

Avant la Révolution, le séminaire avait des *pensionnaires,* au nombre desquels nous citerons l'abbé de Fénelon, confesseur de la reine Marie Leczinska; de Montgazin, évêque de Chartres; l'abbé Edgeworth de Firmont, le dernier confesseur de Louis XVI, qui y resta pendant dix-huit ans. Hâtons-nous d'ajouter que toutes ces personnes « ne se mêlaient en aucune façon à la vie de la maison, ou si elles le faisaient, ce n'était que rarement et poussées par leur dévouement pour les missions (1) ».

Fermé en 1792 et devenu propriété nationale, le séminaire des Missions étrangères fut réclamé par le Ministre de la Guerre pour recevoir le dépôt général de la guerre et de la géographie, qui se trouvait à la place des Piques (place Vendôme) (2). Le Conseil des Cinq-Cents rejeta cette demande comme n'étant pas justifiée et il adjugea la *Maison dite des Missions étrangères* au citoyen Salmon, par acte du 25 vendémiaire an X (16 octobre 1796). Ce Salmon, qui était un marchand de biens, la revendit deux ans après, sous certaines réserves, à Mlle d'Escars « personne pieuse et dévouée à l'œuvre des missions » qui, dans la circonstance, opérait pour le compte de M. Bilhère, directeur des missions. Mais ce ne fut qu'au

1. Adrien Launay, *Le Séminaire des Missions.*
2. Voir appendice n° 16.

mois de mars 1805 que M. Bilhère fut autorisé à accepter « des tiers acquéreurs, la donation de l'ancien édifice, ainsi que les bois et revenus qui y étaient attachés » (art. 2 du décret du 2 germinal an XII).

L'église des Missions servit longtemps de deuxième succursale à Saint-Thomas d'Aquin. Ce n'est qu'après 1870 qu'on lui substitua une église nouvelle, beaucoup mieux située, Saint-François-Xavier. Aujourd'hui elle est consacrée uniquement au service des séminaristes.

Dans le mur qui longe la rue de Babylone, on voit une toute petite Vierge, enfermée dans une niche vitrée et grillée, entourée de fleurs; c'est Notre-Dame de la Paix. A première vue, on la croirait d'origine très ancienne : elle ne date que de 1815.

Au-dessous est gravée l'inscription suivante :

L'original de cet image
est un chef d'œuvre si parfait
que le Tout-Puissant qui l'a fait
s'est renfermé dans son ouvrage.
Je vous salue Marie reine et souveraine
de la paix par le divin cœur de Jésus
prince et auteur de la paix. Faites
qu'il règne sur nous en paix et en miséricorde
montrez que vous êtes notre Mère.
Divin cœur de Jésus
ayez pitié de nous, cœur immaculé de Marie
Refuge des pécheurs
Priez pour nous
Ave Maria.

8bre 1815.

Nous ne quitterons pas le séminaire des Missions étrangères sans dire un mot d'un musée très curieux que nous avons pu visiter, grâce à l'obligeance du directeur de cet établissement. Ce musée, qu'on a baptisé du nom de *Salle des Martyrs,* se compose d'une seule pièce située au rez-de-chaussée. C'est là qu'on conserve pieusement les restes de Mgr Borie, martyrisé dans le chef-lieu de la province de Quang-Binh (Cochinchine) en 1838; d'Antoine Nam, son compagnon de captivité; des vénérables Gagelin et Jaccard, etc.

Des tableaux représentent les supplices auxquels ont été soumis les missionnaires morts martyrs de la foi. Ici, c'est le vénérable Chapdelaine suspendu par le cou dans sa cage, puis à genoux sur une chaîne de fer et enfin décapité. Là, c'est le martyre du vénérable Charles Cornay, du diocèse de Poitiers. « Ses quatre membres, séparés du corps, sont jetés épars avec les piquets qui servaient à les fixer en terre. Le corps lui-même est fendu en quatre parties; un des bourreaux arrache le foie et le coupe en morceaux pour le manger; l'exécuteur emporte la tête par une oreille et essuie sur les lèvres du martyr son sabre ensanglanté. » Le tapis rouge sur lequel a eu lieu cette exécution est conservé dans la Salle des Martyrs (1).

Des effets et objets de toute nature ayant appartenu aux missionnaires; une grande quantité d'instruments de torture, des chaînes de fer, des morceaux de cangues, etc., etc., sont suspendus aux murs de la Salle des Martyrs.

(*D'après un dessin à la plume de M. Vaucanu.*)

C'est au contact de ces souvenirs que les jeunes missionnaires se préparent à faire, eux aussi, le sacrifice de leur vie, le jour où ils seront appelés à continuer l'œuvre de leurs illustres devanciers.

Nous sommes arrivés à la dernière étape de notre promenade : il ne nous reste plus à parler que de l'îlot compris entre les rues de Sèvres et de Babylone. La plus grande partie en a été longtemps occupée par l'hospice des Incurables, établissement qui, de nos jours, a été divisé en deux parties parfaitement distinctes : l'hôpital Necker et l'hôpital des Enfants malades.

1. Vie du R. P. Dumoulin Borie.

Hâtons-nous d'ajouter qu'à aucune époque l'hospice des Incurables n'a été en bordure sur la rue du Bac ; qu'il n'a jamais eu une entrée quelconque sur cette rue ; qu'il en a toujours été séparé par une langue de terre, sur laquelle ont été élevés les immeubles que nous voyons aujourd'hui et dont quelques-uns ont été bâtis sur les deniers de cet hospice. Son histoire ne nous intéresse donc qu'à titre de voisinage et, pour ce motif, nous nous bornons à le citer, sans entrer dans d'autres détails.

Quant aux immeubles dont il vient d'être question, ils sont au nombre de neuf. Mais un seul mérite une mention particulière, c'est le n° 136, l'ancien hôtel du duc de la Vallière, plus connu sous le nom d'hôtel de Châtillon. Il appartient depuis le commencement de ce siècle aux Sœurs de Saint-Vincent de Paul et voici par suite de quelles circonstances.

Quand saint Vincent de Paul créa la Sœur de Charité en 1617 (1), il établit la communauté dans une maison du faubourg Saint-Denis, en face des Lazaristes qui occupaient l'immeuble désigné aujourd'hui sous le nom de prison de Saint-Lazare. Pendant la Révolution, cette maison fut confisquée, versée dans les biens attribués aux hospices et les Sœurs furent dispersées.

Le premier Consul crut nécessaire de reconstituer la communauté, pour faciliter le recrutement du personnel hospitalier, alors complètement désorganisé. Un arrêt du ministre Chaptal, de décembre 1800, autorisa l'ancienne supérieure générale des Sœurs, la dame Delau, à rétablir le noviciat dans l'immeuble de la rue du Vieux-Colombier, occupé aujourd'hui par les pompiers de Paris et qui avait appartenu autrefois à l'orphelinat fondé par Olier, un contemporain de saint Vincent de Paul.

En 1807, un décret impérial reconnut d'utilité publique la communauté des Filles de la Charité et un autre décret du 25 mars 1813 attribua à perpétuité à cette communauté l'hôtel de Châtillon, précédemment hôtel du duc de la Vallière et non pas, comme on l'a dit si souvent et à tort, de Mlle de la Vallière. La maîtresse de Louis XIV n'a jamais habité là. Le duc de la Vallière était le petit-neveu de la célèbre duchesse. Né en 1708, il mourut en 1780, laissant une très riche bibliothèque, qui devint le fond de la bibliothèque de l'Arsenal.

L'hôtel de Châtillon fut acheté par la Ville, sur l'ordre de Napoléon, 260.000 francs. Devenu insuffisant, il fut agrandi par l'adjonc-

1. Cette date est celle indiquée par le Ministre Portalis dans son rapport à l'Empereur sur les corporations religieuses.

tion d'une propriété qui portait alors, sur la rue du Bac, le n° 130. La Ville en fit l'acquisition en exécution d'une ordonnance royale du 29 janvier 1823 et à la condition, déjà stipulée en 1813, d'en faire jouir gratuitement la congrégation des Sœurs de la Charité.

« L'hôtel de Châtillon a conservé son ancienne physionomie extérieure, son double escalier à terrasse donnant accès, par le dehors, au premier étage, avec sa rampe en fer forgé du temps. C'est le style

L'hôtel de la Vallière.
(*D'après un dessin à la plume de M. Vaucanu.*)

grec de l'époque, un rez-de-chaussée, un seul étage avec une attique assez élevée percée de basses fenêtres.

« Les bâtiments de l'hôtel forment un carré dont la cour intérieure est assez grande. Un des côtés est occupé par la chapelle et les réfectoires.

« Au fond, se trouve l'immense jardin de plus d'un hectare et demi, transformé dans sa plus grande partie en potager (1). »

C'est dans la chapelle que, depuis 1813, reposent les restes de Louise de Marillac, plus connue sous le nom de Mlle Le Gras, la col-

1. *Figaro*, 27 avril 1881.

laboratrice la plus dévouée de saint Vincent de Paul. Nièce du fameux maréchal de Marillac, que Richelieu fit décapiter en place de Grève, elle avait épousé, en 1613, à vingt et un ans, M. Le Gras, écuyer-secrétaire des commandements de Marie de Médicis. Veuve à trente-quatre ans, elle se consacra tout entière aux œuvres pieuses. Il a été question, il y a quelques années, de sa béatification.

Des constructions considérables, mais qui ont un peu l'aspect d'une caserne, ont été annexées à l'ancien hôtel de la Vallière. La partie la plus importante de ces nouveaux bâtiments sert de noviciat (les novices sont au nombre de 250 à 300); l'autre partie est la maison de retraite des Sœurs âgées qui ne peuvent plus s'occuper aux travaux de charité, des Sœurs infirmes, aveugles et paralytiques.

En 1880, à la suite d'un rapport de M. Roche sur les dépenses des cultes, le Conseil municipal émit le vœu que les Sœurs de la rue du Bac fussent congédiées à bref délai et que leur immeuble fut transformé en un lycée de filles. Cette résolution, accueillie par le Préfet de la Seine et appuyée d'un avis favorable du Comité consultatif, ne reçut aucune suite et les Sœurs de la Charité occupent toujours leur immeuble de la rue du Bac. Elles dirigent des crèches, des écoles, des fourneaux économiques, des maisons de secours, de refuge, d'hospitalité, des orphelinats. Elles se consacrent surtout aux visites des pauvres à domicile. « Et peut-être, n'y a-t-il rien de plus grand sur la terre que le sacrifice que fait un sexe délicat, de la beauté, de la jeunesse, souvent de la haute naissance et de la fortune, pour soulager ce ramas de toutes les misères humaines, dont la vue est si humiliante pour l'orgueil humain et si révoltante pour notre délicatesse (1). »

1. Voltaire.

Appendices

Appendice 1. — Le Bac.

Lettres patentes du Roi Henri II pour l'établissement d'un bac sur la Seine.

(9 septembre 1550.)

HENRY, par la grâce de Dieu, Roy de France,

Au Prevost de Paris ou ses lieutenans, salut.

Comme pour decorer, embellyr et augmenter nostre bonne ville de Paris, cappitalle de nostre Royaulme, nous ayons advisé et ordonné faire joindre et enclorre en icelle a murailles e fossez les faulxbourgs de nostredicte Université, aligner et dresser les rues, icelles paver et accomoder selon le pourtraict et devis qui en a esté faict, au plus près de nostre intencion, et d'autant que, pour faire l'execution et accomplissement de ceste entreprinse, il est besoing faire une grande et grosse despence à laquelle il seroit bien difficile a ceulx de ladicte ville de povoir satisfaire et fournir sans estre de nous aydez et secouruz, ce que nous voullons bien faire pour le singulier désir que nous avons de veoir mettre la main à l'œuvre et poursuivre ladicte entreprinse.

A cest cause et que nous avons advisé que le moyen le plus commode facille et aisé pour nous, quant audict ayde et subvention à icelle despence pour ce commencement, est de eriger et establir, en tel lieu et endroict de ladicte ville que l'on verra estre plus à propos, un bacq pour ung passage commung sur la rivière de Seyne, avec le devoir acoustumé d'estre payé aux austres bacqs, estre proclamé et baillé à ferme au plus offrant et après, selon cela, vendre et aliener par lesdictz Prevost des marchans et Eschevins, et les deniers qui en proviendront convertiz et employez aux ouvrages de l'entreprinse dessusdicte.

Pour ce est-il que nous vous mandons et commectons par ces présentes que, appellez nostre Procureur, lesdictz Prevost des marchans et Eschevins et autres que verrez estre besoing, vous voyez et visitez bien exactement le lieu et endroit de nostred. ville plus commode et à propos à asseoir ledict bacq commung sur ladicte riviere, moyennant le devoir accoustumé d'estre payé aux autres bacqs et passages d'icelle riviere, tant pour chacune personne que pour bestes, chariots, charettes et marchandises, au payement duquel devoir de passager d'icelluy nouveau bacq, vous contraindrez et ferez contraindre les passans, repassans et autres qu'il appartiendra et qui pour ce seront à contraindre par toutes voyes et manieres deues et en tel cas requises et accoustumées, en promectant ausdictz Prevost des marchands et Eschevins, et ausquelz par cesdictes présentes nous avons permis et permectons faire cryer et proclamer bailler et délivrer à ferme icelly bacq et droit de passage au plus offrant et dernier encherisseur à l'estaincte de la chandelle comme ilz ont accoustumé faire les autres fermes d'icelle ville et que lesd. proclamation, bail et delivrance faictz de lad. nouvelle ferme dud. bacq ilz la puissent vendre et aliener ou autrement en faire et disposer ainsi qu'ilz verront estre a faire pour le myeulx, pour les deniers qui en proviendront et ystront estre convertiz et employez à partir de la despence qu'il faut faire comme dit est pour les ouvrages de la closture desd. faulxbourgs et autres déppendans de l'entreprinse dessusd. dont celuy ou ceulx qui en feront la recepte et despence rendront compte comme des autres deniers d'icelle ville promettant par ces presentes signées de nostre main avoir agreable tout ce que vous led. Prevost des marchans et Eschevins verra estre faict quant à l'execution et establissement dudict bacq et les bail à ferme, vente et alienation d'iceluy, et sur ce en faire expedier si besoing est noz lettres d'approbation, ratiffication et autres necessaires selon et ainsi que nous en serons requis.

Car tel est notre plaisir.

Et ausd. Prevost des marchans et Eschevins avons donné et donnons plain povoir et auctorité, commission et mandement spécial, mandons et commandons à tous noz justiciers, officiers et subjectz, que à vous et à eulx en ce faisant soit obey.

Donné à Sainct-Germain en Laye le neuviesme jour de septembre l'an de grâce mil cinq cent cinquante et de nostre regne le quatriesme.

Signé : HENRY.

(Archives Nationales.)

Appendice 2. — Le pont Rouge.

d'après le plan de Tavernier (1630)

En 1632, époque à laquelle le Bureau de la ville décida la substitution d'un pont de bois au bac de Henri II, les palais du Louvre et des Tuileries étaient en grande partie construits ; le faubourg Saint-Germain comptait un grand nombre d'établissements hospitaliers et religieux, d'hôtels privés et de maisons particulières. Cette mesure édilitaire s'imposait donc à tous les points de vue et son exécution était même devenue urgente. On sait du reste qu'au commencement du XVIIe siècle l'accroissement extraordinaire de Paris nécessita la construction de plusieurs ponts. Ainsi, en 1635, on termina le *pont Marie;* le *pont de la Tournelle,* d'abord bâti en bois, fut refait en pierre en 1656; en 1634, on établissait le *pont au Double.*

Voici la copie de la *vacation du bureau de la ville pour donner l'alignement de la construction du pont de bois traversant la rivière, depuis le faubourg Saint-Germain jusque vis à vis des Tuileries* (13 février 1632).

De par les Prevost des marchans et Eschevins de la ville de Paris.

Il est ordonné au maistre des œuvres de maçonnerie et charpenterie de la ville, et aux maistres des ponts d'icelle, d'eux trouver vendredy prochain une attendant deux heures précises en l'hostel de la ville, pour, avec nous, aller donner l'allignement pour la construction d'un pont de bois sur la rivière, traversant depuis le faulxbourg Sainct-Germain jusques viz à viz ou ès environs des Thuilleries. Faict au bureau de la ville le mercredy unziesme jour de febvrier mil six cens trente deulx.

L'an mil six cens trente deulx, le vendredy treiziesme jour de febvrier de relevée, nous, Christophe Sauguin, seigneur de Livry, conseiller du Roy, nostre sire, en ses conseils d'estat et privé, président de sa court de Parlement, en la cinquiesme chambre des enquestes d'icelle, Prévost des marchans, Jehan Pepin, Claude Lestourneau, Philippe le Gaigneulx et Nicolas de Poix, Eschevins de la ville de Paris, pour l'exécution de nostre ordonnance du mercredy unziesme de ce moys, estant au bas de la requeste à nous présentée par Me Pierre Pidou, entrepreneur de la construction d'un pont de bois sur la rivière traversant depuis le faulxbourg Sainct-Germain jusque viz à viz et un peu au dessoubz du gros pavillon de la gallerie du Louvre, et en conséquence de l'alignement cy-devant donné par noz prédécesseurs pour la dicte construction de pont, nous sommes, avec Me Gabriel Payen, procureur du Roy et de la Ville, et Guillaume Clément, greffier d'icelle, assistez de Augustin Guillain et Simon de Baillou, maistre des œuvres de maçonnerie et charpenterie de la dicte ville, de Nicolas Bourguillot et Nicolas Ramet, maistres des ponts d'icelle, transportez sur le bord de la rivière esdictz faulxbourgs S. Germain proche et au dessoulz de la Thuillerie, où estans y aurions trouvé ledict Pidou, qui nous a remonstré que, cy devant et dès le cinquiesme jour de septembre mil six cens vingt cinq, noz prédécesseurs baillèrent l'allignement pour bastir un pont de bois sur la rivière depuis la rue descendant de la Charité, pour venir respondre dans la Ville à l'endroit de la gallerie du Louvre, viz à viz le balcon.

Mais, par le traicté nouveau qu'il a faict avec le Roy, il est obligé de faire planter ledict pont d'un droict allignement, depuis le lieu proche et au dessoubz de la Thuillerie, pour traverser ladicte rivière, jusques à viz à viz la six ou septiesme croisée de ladicte gallerie du Louvre, requérant qu'il nous pleust luy donner l'allignement pour faire ledict pont audict lieu cy-dessus, laissant la place au-dessoulz pour faire un pont de pierres, à l'opposite de la rue qui sépare ledict gros pavillon et les Thuilleries, lors et quand il plaira à sadicte Majesté. Ce que nous luy aurions accordé et de faict aurions au mesme instant enjoinct ausdictz m^es des œuvres et des ponts de voir et de visiter ladicte rivière à l'endroict où ledict Pidou entend faire faire ledict pont, et, y estant faict, il n'empeschera non plus à la navigation que celuy que l'on voulloit faire respondant dans la ville, et dont noz prédécesseurs avoient baillé l'allignement dès le cinquiesme septembre mil six cens vingt cinq.

Lesquels m^es des ponts ont dict que, au lieu où l'on veut à present planter ledict pont, il incommodera moings la navigation que s'il eust esté faict plus haut, respondant dans la ville, parce qu'il sera plus éloisgné du Pont Neuf et oultre qu'il sera tiré d'une droicte ligne.

Ce faict, lesdictz m^es des œuvres et des ponts ont, en nosdictes présences et desdicts procureurs du Roy et greffier de la ville, veu et visité ladicte rivière et exactement considéré le cours d'icelle, et nous ont à l'instant dict et rapporté et tel est leur advis, que ledict pont de bois se peut commodément planter et poser sur ladicte rivière, scavoir du costé dudict faulxbourg Sainct-Germain, viz à viz le Pré aux Clercs, à l'endroict de deux picotz fichez dans terre sur le bord de la rivière et proche et au-dessoulx de ladicte Thuillerie, et, dudict endroict, traverser la dicte rivière de droicte ligne, sans ply ny coulde, jusques au bord d'icelle entre la Porte Neufve et ledict gros Pavillon de ladicte gallerie du Louvre, dont le milieu d'iceluy pont sera assis à l'opposite de la sixiesme croisée de ladicte gallerie, à commencer, la première à celle attenante ledict Pavillon, et continuer vers la Porte Neufve; en quoy faisant, le chemin de la navigation ne sera empesché, pourveu que, lors que l'onplantera les paslées des pieulx, lesdictz m^es des ponts et quelques marchans voicturiers y seroient appellez pour reigler et désigner les haulteurs et largeurs des grandes arches qu'il conviendra laisser, tant d'un costé que d'autre de la rivière, pour servir à ladicte navigation et au passage des basteaux montans ou avallans.

Après lequel rapport et sur ce ouy ledict procureur du Roy et de la ville, avons permis et permettons audict sieur Pidou de faire faire ladicte construction du pont, suivant la volonté et intention de Sa Majesté, et le faire poser sur la rivière aux lieux et endroicts déclarez au présent allignement et aux charges et conditions y déclarées.

Faict les an et jour que dessus, et ont lesdictz Paien, Guillain, Ramet et Bourguillot, signé en la minutte des presentes avec mesdictz sieurs de la ville.

(Archives Nationales. — *Le Faubourg Saint-Germain*, t. IV.)

On a remarqué que, dans cette pièce, il est question d'un acte en vertu duquel les concessionnaires du nouveau pont devaient observer l'alignement fixé par le Bureau de la Ville, *en laissant la place au dessoulx pour faire un pont de pierres*. Un pont de bois en cet endroit de la Seine était donc considéré, même dès 1632, comme un moyen de communication provisoire: la Ville avait l'intention de lui substituer, à un moment donné, un pont d'accès plus facile, répondant mieux aux besoins des deux rives. La construction d'un pont en pierre ne commença néanmoins que cinquante-trois ans après (1685).

Par un acte du 20 juillet 1632, on décida de placer, sur l'une des arches du pont des Tuileries, une pompe hydraulique semblable à celle qui existait déjà sur les ponts Neuf et Nostre-Dame.

Le pont n'aboutissait pas vis-à-vis la rue du Bac, comme aujourd'hui le pont Royal ; il faisait face à la rue de Beaune.

Il figure sur les plans de Paris sous la dénomination de pont des Thuilleries, de pont Rouge et sous différents aspects :

1630. — *Plan de Melchior Tavernier.* — Avec deux guichets aux extrémités. La pompe hydraulique, en aval, entre la quatrième et la cinquième arche. Deux croix de bois sur le parapet en amont, l'une sur la troisième arche, du côté des Tuileries, et l'autre sur la cinquième arche, du côté du faubourg Saint-Germain.

1649-1652. — *Plan de Jean Boisseau.* — Le pont est représenté sans guichets et sans pompe ;

1652. — *Plan de Gomboust.* — Avec deux guichets aux extrémités et la pompe entre la sixième et la septième arche.

1654. — *Autre plan de Jean Boisseau.* — Avec deux guichets aux extrémités et la pompe entre la quatrième et la cinquième arche (comme sur le plan de Tavernier).

Les plans de *Jouvin de Rochefort* (1672-1676) et *Bullet et Blondel* (1670-1676) n'indiquent que l'emplacement du pont.

Enfin dans une communication faite à la Société de l'Histoire de Paris (*Bulletin*, 2e livraison, mars-avril 1889), M. Edgard Mareuse a signalé que, sur un autre plan de Jouvin de Rochefort, existant à la Bibliothèque du Luxembourg et dont la date lui a paru être de 1670 ou 1671, le pont Rouge semble fermé de deux grilles.

Appendice 3. — Le pont Royal.

En 1656, Laurent Tonti, Sicilien d'origine, donna l'idée d'une loterie pour l'établissement d'un pont de pierre à l'endroit occupé aujourd'hui par le pont Royal (1). C'est là, dit-on, l'origine du mot Tontine. Mais ce projet n'eut pas de suite et ce ne fut qu'après la destruction complète du pont Rouge par le dégel de 1684, c'est-à-dire vingt-neuf ans après, que Louis XIV décida la construction, à ses frais, du pont de pierre projeté par le Sicilien Tonti.

Voici la cérémonie qui eut lieu à l'occasion de la pose de la première pierre (25 octobre 1685).

1. Lettre patente du Roi, portant l'établissement d'une blancque (loterie) pour la construction d'un pont de pierre entre les galeries du chasteau du Louvre et le faubourg Saint-Germain. Ensemble l'ordonnance de M. le Prevost de Paris, du 6 février 1657. In-4° de 10 p.

Ce jour, messieurs les Prevost des marchands, Eschevins, Procureur du Roy, Greffier, Receveur de la Ville de Paris, s'estans rendus, sur les trois heures de relevée, en l'Hostel de Ville, ainsi qu'il avoit esté arresté, pour aller, suyvant les ordres qu'ils avoient receus du Roy, mettre en son nom la première pierre à la première pille du nouveau pont que Sa Majesté fait construire sur la rivière, devant son palais des Thuilleries, partirent dudict Hostel de Ville vestus de leurs robbes noires, assistez du Colonel des trois compagnies des Archers de la Ville, en trois carosses; trente desdicts archers ayans leurs casaques et hallebardes, et plusieurs officiers à leur teste, marchans devans et à costé desdits carosses.

Et estans arrivez à l'endroit de l'ancien pont des Thuilleries, du costé du Louvre, et descendus de carosses, se seroient advancez vers le lieu ou se construit ledit nouveau pont, preceddez de quatre huissiers de laditte ville ayans leurs robbes de livrée, et marchans entre une double haye jusques devant le pavillon dudit palais des Thuilleries, auroient esté receus par le Sr Philibien, garde des antiques, et par les sieurs Gabriel de l'Isle et Cliquin, entrepreneurs de la construction dudit pont, qui seroient venus au devant d'eux et les auroient accompagnez et conduitz par les basteliers à l'endroit où s'éslevoit laditte première pille dudit pont, sur le bastardeau de laquelle estans descendus, au bruit des trompettes et tambours que mesditz sieurs les Prevost des marchans et Eschevins avoient fait venir, pour marquer plus de joye dans ceste cérémonie; et, s'estans placez à droite sur la masse de laditte pille commencée à eslever de quatre assises, et lesdits sieurs Philibien, Gabriel de l'Isle et Cliquin à gauche, ledit sieur Philibien se seroit advancé vers mondit sieur le Prevost des marchants et messieurs les Eschevins, Procureur du Roy, Greffier et Receveur, et auroit présenté et mis ez mains de mondit sieur le Prevost des marchans une petite boëtte de bois de cèdre à double fond, ayant un couvercle à coulisse, longue de treize à quatorzes pouces sur neuf à dix pouces de large.

Et ayant, ledit sieur Philibien, osté ledit couvercle, s'y seroit trouvé une plaque de cuivre de deux à trois lignes d'épaisseur, huit à neuf pouces de long, et cinq pouces de large environ, dorée d'or moulu dessus et dessous, sur lequelle est escrit en lettres de relief:

LVDOVICVS MAGNVS REX CHRISTIANISSIMVS,
DEVICTIS HOSTIBVS PACE EVROPÆ INDICTA,
REGIÆ CIVITATIS COMMODO INTENTVS,
PONTEM LAPIDEVM LIGNEO et CADVCO
AD LVPARAM SVBSTITVIT,
ANNO M.DC.LXXXV.

Plus une médaille d'or, pesant un marc sept gros et demy, vingt-quatre grains, où d'un costé est la teste du Roy, avec ces mots autour:

LVDOVICVS MAGNVS REX CHRISTIANISSIMVS

et au revers:

VRBIS ORNAMENTO ET COMMODO PONTEM AD LVPARAM CONSTRVIT
ANNO M.DC.LXXXV.

Plus deux médailles d'argent, pesant ensemble un marc cinq onces six gros et demy, ayans la mesme teste et le mesme revers que la médaille d'or cy dessus.

Plus douze autres médailles d'argent, faites au sujet des conquestes et des actions du Roy, pesant toutes ensemble six marcs un once un gros et demy. Lesquelles médailles sont faites pour représenter, scavoir :

La premiesre, le bonheur des peuples durant la paix ;

La deuxiesme, représentation de l'insulte faite dans Rome à l'ambassadeur de France ;

La troisiesme, la bataille de Sainct-Godard où les trouppes françoises défirent les Turcs ;

La quatriesme, la devise du Roy, NEC PLVRIBVS IMPAR ;

La cinquiesme, le passage du Rhein ;

La sixiesme, une médaille de la Ville de Paris, avec le buste du Roy, en l'année 1672 ;

La septiesme, la paix de Nimègue ;

La huitiesme, la prise de Strasbourg et de Casal en un mesme jour ;

La neuviesme, la Trève, en l'an 1684 ;

La dixiesme, Luxembourg ;

La unziesme, la paix accordée aux Algériens ;

La douziesme, pour la Ville de Gennes.

Toutes ces médailles sont disposées de manière que dans le premier fond de la boëtte il y en a sept au dessous de la plaque où est l'inscription, et sur le second fond il y en a huit, et par dessus les armes du Roy peintes sur un satin blanc environné d'un galon d'or.

La boëtte fermée de son couvercle a esté mise dans une austre boëtte en plomb encastrée dans une grande pierre de quatre à cinq pieds de long sur deux à trois pieds de large, la boëtte de plomb ayant aussi son couvercle de plomb ; et à l'instant a esté couverte et environnée tout autour d'un ciment, et ensuitte posée dessus un quartier de pierre de deux pieds et demy de large ou environ, sur trois pieds et demy de long et douze pouces de hault ; lequel quartier de pierre fait la septiesme assise de la pille ; et, pour le distinguer des autres, on a gravé trois fleurs de lys dans le lit de dessus.

Et après les avoir remis dans laditte boëtte, et par dessus les armes du Roy peintes comme dit est sur un satin blanc environné de galon d'or, et ayant esté ladicte boëtte refermée de son couvercle, auroit esté mise par mondict sieur le Prevost des marchans dans une autre boëtte de plomb que luy auroit présentée le sieur Gabriel ; et y ayant mondict Sr Prevost des marchans mis son couvercle de plomb, ladicte boëtte auroit esté encastrée dans une grande pierre de quatre à cinq pieds de long sur deux à trois pieds de large de la septiesme assise, aux fanfares des trompettes et bruit des tambours, et des acclamations du peuple qui estoit accouru pour veoir ceste cérémonie, qui n'avoit cessé de pousser des cris de Vive le Roy.

Sur lequel coffre et pierre ledict sieur Gabriel ayant repandu de la poudre de ciment, ladite pierre et coffre auroient esté recouverts d'une grosse pierre préparée, estant proche et à l'opposite, et les ouvriers à ce preposez l'ayant posée sur son lit, ledit sieur Gabriel ayant pris un bassin d'argent sur lequel il y avoit deux truelles et deux marteaux d'argent, dont une truelle et un marteau estoient emmanchez d'ébeine, et les autres de bois de cèdre, il auroit présenté ladicte truelle et marteau emmanchez d'ébeine à mondit sieur le Prevost des marchans, qui auroit pris avec ladite truelle, dans une petite auge que tenoit un des piqueurs dudit bastelier, par trois différentes fois, de la chaux esteinte meslée avec ciment qu'il auroit jettée à costé de ladicte pierre où ledit coffre de plomb estoit encastré. Après quoy mondit sieur le Prévost des marchans auroit frappé trois coups dudit marteau sur ladite pierre, les trompettes et tambours se faisant entendre par leurs fanfares et bruit à chaque fois qu'il avoit jetté de ladite chaux et frappé dudit marteau sur ladite pierre, et Messieurs les Eschevins, Procureur du Roy, Greffier et Receveur en ayant fait successivement les uns après les autres autant, avec l'autre truelle et marteau emmanchez de cèdre, le peuple meslant leurs cris de Vive le Roy au son des trompettes et des tambours pendant toute la cérémonie; et ayant les ouvriers posé plusieurs autres pierres sur celle ou ladite boëtte estoit encastrée, ledit sieur Gabriel ayant repris des mains de mondit sieur le Prevost des marchans et de Messieurs de Ville lesdites truelles et marteaux d'argent, monsieur le Prevost des marchans, avant que de sortir de dessus ladite pille, prit des mains de monsieur le Receveur une bourse dans laquelle il y avoit vingt pistolles qu'il donna audit sieur Gabriel pour distribuer à tous les ouvriers travaillans à la confection dudit pont, pour boire à la santé de Sa Majesté.

Ce fait, mesdits sieurs les Prevost des marchans, Eschevins, Procureur du Roy, Greffier et Receveur, accompagnez desditz sieurs Philibien, Gabriel de l'Isle et Cliquin, seroient remontez au hault du quay, au mesme ordre qu'ils estoient descendus, et ayans remonté en carosse seroient retournez au mesme ordre audit Hostel de Ville.

(Archives nationales. — *Le Faubourg Saint-Germain*, t. IV.)

Les dessins du pont Royal ont été établis par Mansard et par Gabriel, le père de Jacques-Ange Gabriel, à qui Paris doit l'ancien garde-meuble, le Ministère de la Marine et l'École militaire; mais les travaux furent dirigés par le P. François Romain, moine de l'Ordre de Saint-Dominique. Ce pont se compose de cinq arches à plein cintre, dont le diamètre moyen est de 22 mètres; la largeur entre les têtes est de 17 mètres et la longueur totale, entre les culées, de 128 mètres. Sur l'un des éperons de l'arche la plus voisine des Tuileries, on a tracé une échelle qui marque, au moment des grandes crues, la hauteur successive des eaux.

D'après le procès-verbal de réception du 13 juin 1689 il aurait coûté 742.171 £ 11 sols.

De 1792 à 1804, le pont Royal s'est appelé pont National; de 1804 à 1814, pont des Tuileries.

Triomphe de Voltaire, 11 juillet 1791.

Nous n'avons pas l'intention de raconter ici, même d'une façon sommaire, l'histoire si intéressante de ce pont : cela nous entraînerait trop au-delà du programme que nous nous sommes tracé. Nous rappellerons seulement, entre autres faits, que c'est sur le pont Royal qu'est passé, le 11 juillet 1791, le fameux cortège conduisant les restes de Voltaire à l'église Saint-Germain, à laquelle on avait donné la dénomination de *Panthéon français*. En suivant ce parcours (le cortège venait de la place de la Bastille), on avait évidemment l'intention de passer devant l'hôtel du marquis de Villette, qui fait le coin de la rue de Beaune (en face l'ancien hôtel de Mailly) et dans lequel Voltaire était mort le 30 mai 1778.

La gravure, d'après Prieur, que nous donnons ici, représente le cortège au moment où le catafalque, traîné par douze chevaux, s'engage sur le pont Royal.

Appendice 4. — Le quai de la Grenouillère ou d'Orsay.

. . . .

Et Sa Majesté voulant que le quay de la Grenouillère, qui fait un très désagréable objet à l'aspect du Louvre et des Thuilleries, soit continué de ligne droite de dix toises de largeur en toute son étendüe depuis le pont Royal et l'encoignure de la ruë du Bacq jusqu'à la rencontre du rempart, qui sera planté d'arbres et revestu de pierres de taille dans toute cette étenduë, avec un trottoir de neuf pieds de largeur le long du parapet, pour le passage des gens de pied, avec des rampes en glacis descendant au bord de la rivière : ce qui fera non seulement un ornement, mais sera d'une grande commodité pour les ruës de Poitiers et de Bellechasse, et de celle qui doit estre formée par les Filles de Saint-Joseph, pour leurs issuës sur ledit quay, et pour les abbreuvoirs et l'enlevement des marchandises déchargées sur le port, de mesme qu'il a esté observé au quay Malaquais de l'autre costé du pont Royal, entre les ruës des Saints-Pères et des Petits-Augustins, et Sa Majesté s'estant fait representer le plan de ce dessein, que les Prevosts des marchans et Eschevins en ont faict dresser par le maistre des œuvres de ladite Ville, et, voulant qu'il soit suivi et exécuté : oüy le rapport du sieur Chamillart, conseiller ordinaire au Conseil royal, controlleur général des Finances.

. . . .

Ordonne Sa Majesté que le quay de la Grenouillère sera continué de ligne droite de dix toises de largeur en toute son étenduë, depuis le pont Royal et l'encoignure de la ruë du Bacq jusqu'à la rencontre du rempart, et revestu dans toute cette étenduë de pierres de taille, avec un trottoir de neuf pieds de largeur le long du parapet, pour le passage des gens de pied, et des rampes en glacis descendant au bord de la rivière, pour les abbreuvoirs et l'enlèvement des marchandises déchargées sur le port, ainsi qu'il a esté observé au quay Malaquais entre les ruës des Saints-Pères et des

Petits-Augustins, et ce, suivant les alignemens qui seront donnez par le maistre des œuvres de ladite Ville, en présence desdits Prevost des marchands et Eschevins, et la construction faite aux dépens de ladite Ville. Veut à cet effet Sa Majesté que les maisons qui sont actuellement faites sur ledit quay, et se trouveront anticiper sur les dix toises qu'il doit avoir, soient retranchées jusqu'à distance desdites dix toises.

Ordonne, en outre, Sa Majesté, que lesdites maisons et autres qui seront construites cy-après sur ledit quay seront basties suivant les desseins qui seront agréez par Sa Majesté et les alignemens qui seront donnez par le maistre des œuvres de la Ville, en présence desdits Prevost des marchans et Eschevins et du sieur de Montagny, trésorier de France au bureau des finances de Paris.

. . . .

(Extrait d'un arrest du Conseil d'Estat, tenu à Fontainebleau, le XVIIIe jour d'octobre M.DCC.IV.)

. . . .

Sa Majesté, estant en son Conseil royal, a ordonné et ordonne que le nouveau plan fait pour la perfection du quartier Saint-Germain-des-Prez, attaché à la minute du présent arrest sera exécuté; et, en consequence, que conformement à l'arrest du 18 octobre 1704, il sera construit un nouveau quay en face de celuy des Thuilleries... lequel sera nommé le quay d'Orsay.

. . . .

(Extrait d'un arrest du Conseil d'Estat, tenu à Versailles le XXIIIe jour d'aoust M.DCC.VII.)

Suivent d'autres actes :

Lettres patentes du 22 avril 1769. — Article 24e. — Le quai d'Orsay qui a été ordonné dès l'année 1704 et qui est commencé à la descente du pont Royal, sera continué sous la même dénomination jusqu'à la rue de Bourgogne.

Arrêté du 13 messidor, an X. Les Consuls de la République arrêtent :

Article 1er. — Le quai d'Orsay, situé à Paris, sur la rive gauche de la Seine, entre le pont National et celui de la Révolution, sera incessamment construit;

Art. 2. — Le Ministre de l'Intérieur posera la première pierre de ce quai le 24 de ce mois (13 juillet, vieux style).

Le premier Consul, *signé* : Bonaparte.

Cologne, le 29 fructidor, an XII. — Napoléon, empereur des français.

Article 1er. — L'alignement des maisons qui bordent le *quai Bonaparte*, situé à Paris entre le pont des Tuileries et le pont de la Concorde, est fixé sur une ligne droite parallèle au mur du quai, actuellement en construction;

Art. 2. — La largeur du quai, entre les maisons et le parapet sera uniformément de 20 m. 13.

Cette largeur a été maintenue par une décision ministérielle du 19 février 1820.

Appendice 5. — Décret rendu en vue de l'expropriation des immeubles numérotés 1 et 5 de la rue du Bac.

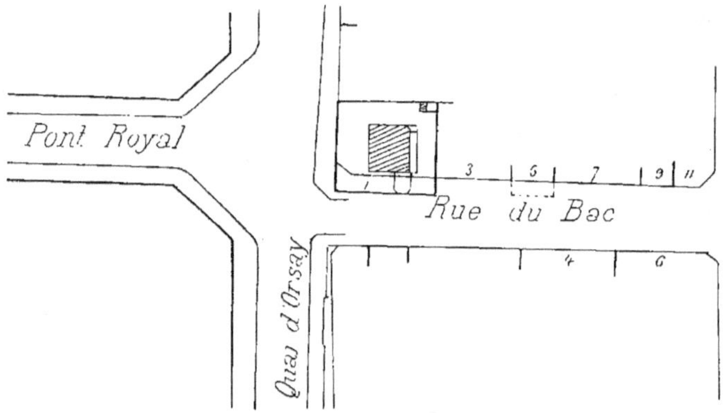

Plan annexé au décret.

Le Président de la République française,

Sur le rapport du Ministre de l'Intérieur et des Cultes,

Vu l'ordonnance royale, du 17 juin 1829, qui a fixé les alignements de la rue du Bac, à Paris;

Les délibérations du Conseil municipal de Paris, en date des 21 février, 11 mars et 29 juillet 1880;

Le plan d'alignement;

Le procès-verbal de l'enquête;

Les propositions du Préfet de la Seine et les autres pièces de l'affaire;

Les lois du 16 septembre 1807 et 3 mai 1841;

L'ordonnance réglementaire du 23 août 1835;

Le décret-loi du 25 mars 1852;

Le Conseil d'État entendu,

Décrète :

Article 1er. — Est déclaré d'utilité publique, dans la ville de Paris, l'élargissement de la rue du Bac, entre la rue de Lille et les quais Voltaire et d'Orsay, suivant les alignements indiqués par des liserés verts et les cotes de nivellement inscrites en rouge sur le plan ci-annexé.

En conséquence, le préfet de la Seine, agissant au nom de la ville de Paris, est autorisé à acquérir, soit à l'amiable, soit, s'il y a lieu, par la voie de l'expropriation, conformément à la loi du 3 mai 1841, les portions d'immeubles comprises dans les alignements ci-dessus déterminés et désignés au plan par une teinte jaune et par les numéros 1 et 5.

La dépense de ces acquisitions et des travaux de mise en état de viabilité sera acquittée au moyen des ressources municipales disponibles.

Art. 2. — Le Ministre de l'Intérieur et des Cultes est chargé de l'exécution du présent décret.

Fait à Paris, le 17 décembre 1880.

Signé : Jules Grévy.

Par le Président de la République :
Le Ministre de l'Intérieur et des Cultes,
Signé : Constans.

Appendice 6. — L'hôtel des Mousquetaires.

. . . .

Et Sa Majesté voulant par mesme moyen, pourvoir à ce qui peut estre plus avantageux aax propriétaires des maisons du quartier Saint-Germain, et en mesme temps le rendre plus commode pour les bourgeois et habitans, afin de le rendre encore plus considérable et plus fréquenté, ordonne Sa Majesté qu'il sera construit sur le nouveau quay près le pont Royal, en face de la rivière, un hostel pour le logement des mousquetaires de la première compagnie de sa garde, avec des écuries pour les chevaux suivant les dessins et les devis qui en seront faits par le maistre general des bâtimens de la Ville, et agréez par Sa Majesté, et qu'il sera construit plusieurs fontaines publiques en différents endroits dudit quartier. Et seront lesdits ouvrages faits suivant les alignemens qui seront donnez par le maistre général des bâtimens de ladite ville, des dessins qui seront à ce destinez.

. . . .

Et attendu l'avantage que les propriétaires des maisons et héritages situez dans l'estenduë dudit quartier Sainct-Germain des Prez recevront de l'exécution de ce dessein, ordonne Sa Majesté que tous lesdits propriétaires seront tenus, sans distinction de personnes et qualitez, de contribuer chacun en droit soy, à proportion de l'avantage qu'ils recevront à partie de la dépense de ces ouvrages, et de payer entre les mains du Receveur de la ville les sommes pour lesquelles ils seront employez dans les rolles desdites contributions, que Sa Majesté fera pour cet effet arrester en son conseil, sans néantmoins y pouvoir estre contraints avant le 1er janvier 1709. Et seront les poursuites pour l'exécution desdits rolles faites à la requeste du procureur de Sa Majesté et de la Ville, tant contre les propriétaires que locataires qui seront tenus de payer en leur acquit les prix de leurs baux, nonobstant toutes saisies, oppositions et empeschemens quelconques; quoy faisant, ils en seront valablement quittes et deschargez envers lesdits propriétaires et tous autres. Et moyennant le payement qui sera fait desdites contributions pour chacun des propriétaires desdites maisons et héritages sujets à la contribution de l'entretien et ustenciles de l'hostel des Mousquetaires, ils seront et demeureront deschargez à perpétuité de ladite contribution.

. . . .

(Extrait d'un arrest du Conseil d'Estat, tenu à Versailles le XXIIIe jour d'aoust M.DCC.VII.)

. . . .

Nous avons aussi par le mesme arrest permis ausdits Prévost des marchands et Eschevins, pour fournir à la dépense de l'entretien et ustensiles du nouvel hostel des Mousquetaires après sa construction, dont ladite ville doit demeurer chargée à l'avenir, de disposer de l'emplacement de l'ancien hostel des Mousquetaires et bastimens en dépendans, pour en faire audedans d'iceluy une halle ou marché public, suivant son ancienne destination, et d'y establir douze estaux à boucheries pour en faire, joüir et disposer par ladite ville, ainsi qu'elle fait des places du Marché-Neuf et des boucheries qui luy appartiennent, et avec la mesme jurisdiction et police que dans ledit Marché-Neuf, dont le revenu sera touché par son receveur, et par luy employé sur les ordres desdits Prevost des Marchands et Eschevins, à l'entretien du nouvel hostel des Mousquetaires, sans que pour raison de ce aucuns seigneurs en la censive desquels peut estre l'emplacement dudit hostel puissent prétendre pour ledit emplacement et bastimens estant sur iceluy aucuns droits de lods et ventes et indemnité contre ladite ville, ni ladite ville estre tenuë envers nous d'aucunes charges ni droits d'amortissement et autres tels qu'ils puissent estre, dont nous l'avons eu tant que besoin déchargée, et ordonné que son receveur ne sera tenu de compter du revenu qu'ausdits Prevost des Marchands et Eschevins, comme devant faire à l'avenir partie de son domaine, auquel nous l'avons aussi, en tant que besoin, uni et incorporé au moyen de l'entretien et ustensiles du nouvel hostel des Mousquetaires, dont ladite ville demeure chargée, et que par l'exécution dudit arrest toutes lettres nécessaires seront expédiées.

. . . .

(Extrait des lettres patentes, sur arrest du Conseil, données à Fontainebleau le VIIIe jour d'octobre M.DCC.VII.)

(*Le Faubourg Saint-Germain*, t. IV.)

Appendice 7.

DÉCLARATION DU ROI qui ordonne la vente des deux hôtels servant ci-devant de logement aux deux Compagnies des Mousquetaires de la garde du Roi, dans la ville de Paris. — Donnée à Versailles le 19 avril 1777. — Registrée au Parlement le vingt juin mil sept cent soixante-dix-sept.

LOUIS, par la grâce de Dieu, Roi de France et de Navarre : à tous ceux qui ces présentes Lettres verront; Salut. Par nos ordonnances du 15 décembre 1775, nous nous serions déterminé à réduire notre Maison militaire, et en conséquence nous aurions consenti la suppression des deux Compagnies des Mousquetaires de notre Garde, d'une partie de celle des Gendarmes et Chevaux-Légers, et la suppression entière de la Compagnie de nos Grenadiers à cheval; nous aurions pareillement ordonné la suppression des charges des Commissions desdites Compagnies de Mousquetaires et de celle des Grenadiers à cheval, et comme pour le logement de nosdites Compagnies de Mousquetaires, il auroit été construit dans notre bonne ville de Paris, par les ordres de notre très-auguste Trisayeul, Louis XIV d'heureuse mémoire, deux Hôtels, l'un sis au fauxbourg Saint-Germain, entre les rues du Bacq et de Beaune, conformément à l'Arrêt du Conseil du 23 août 1707 et Lettres Patentes sur icelui, du 8 octobre audit an, duement registrées au Parlement, le 11 mars 1708, et pour celui situé au fauxbourg Saint-Antoine, rue de Charenton, conformément à la déclaration du 7 avril 1699, registrée au Parlement le 29 avril audit an, et à la Chambre des Comptes le 7 mai suivant, lesquels Hôtels, par la suppression desdites deux Compagnies, se trouvent à ce jour vacans et de nul usage pour l'objet auquel ils étoient précédemment destinés, ce qui en entraîneroit inévitablement la dégradation et le dépérissement, s'il n'en étoit fait incessamment emploi; considérant en même temps que lesdits Hôtels, par l'étendue de leurs emplacemens et celle des bâtimens qui les composent, peuvent devenir des objets intéressans et vraiment utiles, soit aux plus grandes commodités, soit à l'embélissement de la Capitale de notre Royaume, dont nous désirons nous occuper; et ne perdant point de vue que par nosdites Ordonnances du 15 décembre 1775, Nous nous serions engagés au remboursement de la finance des charges supprimées des susdites Compagnies. A ces causes, après avoir fait examiner dans notre Conseil la Déclaration du 7 août 1699, l'arrêt du Conseil du 23 août 1707, les Lettres patentes sur icelui du 8 octobre audit an, ensemble les contrats et conditions passés entre notredit Trisayeul et les Prévost des Marchands et Echevins de notre bonne ville de Paris y relatés, nous avons par ces Présentes, signées de notre main, de l'avis de notre Conseil, et de notre certaine science, pleine puissance et autorité Royale, dit, déclaré et ordonné, disons, déclarons et ordonnons, voulons et nous plaît que, par les Commissaires qui seront par Nous nommés, il soit incessamment disposé par vente, abandon, échange des Hôtels de nos deux Compagnies de Mousquetaires, l'un sis au faubourg Saint-Germain entre les rues du Bacq et de Beaune, l'autre au faubourg Saint-Antoine, rue de Charenton, et par lesdits Commissaires passé contrat de délaissement à perpétuité de la totalité du fonds et de la superficie desdits deux Hôtels, ensemble des bâtimens et dépendans, aux particuliers qui voudront les acquérir, pour en jouir par eux, leurs hoirs, successeurs et ayant cause, à titre de propriété incommutable, comme de leurs autres biens propres et patrimoniaux, sans qu'ils puissent en aucune manière être troublés ni inquiétés en leur possession et jouissance, sous prétexte de réunion qui pourroit en être prétendue à notre Domaine, à cause de l'acquisition et construction qui en a été faite de nos deniers et en notre nom par les susdits contrats, ni sous quelque prétexte que ce soit ou puisse être, dont nous les quittons et déchargeons dès à présent, comme pour lors, attendu que lors de l'acquisition qui en a été faite, l'intention n'a point été de les retenir à notre profit et de les réunir à notre Domaine, mais seulement de les abandonner pour l'usage et emploi auquel ils ont servi; voulons en outre que ceux au profit desquels il sera fait abandon de tout ou de parties desdits emplacemens, édifices et matériaux en dépendans, ne puissent être sujets à aucun droit, dont nous les quittons et déchargeons par ces Présentes, de lods et ventes et autres droits qui pourroient nous être dus pour la totalité ou partie desdits emplacemens, étant dans notre censive lors de la première vente qu'ils en feroient; voulons néanmoins que, pour l'Hôtel sis dans le fauxbourg Saint-Germain, la vente en soit, par préférence, faite à ceux qui se soumettroient à la condition d'y construire un marché avec bâtimens autour, auquel cas nous nous engageons à leur en accorder la faculté et droits à y percevoir par les portiers, placiers, balayeurs, et nétoyeurs, conformément au tarif qui en seroit arrêté en notre Conseil; considérant ledit emploi du terrein dudit Hôtel comme le plus avantageux qui puisse être fait pour l'utilité des habitans dudit quartier, et même comme y devenant de jour en jour plus nécessaire par l'accroissement considérable que le quartier a reçu. Voulons aussi que, pour l'Hôtel sis au fauxbourg Saint-Antoine, il en soit par lesdits Commissaires, comme dessus, disposé par vente, abandon, échange selon et ainsi que se comporteront les offres qui pourront nous être faites, et que nous jugerons plus conformes aux vues d'utilité que nous nous proposons de consulter dans l'usage et emploi qui pourra en être par Nous définitivement arrêté. Voulons et ordonnons que les deniers qui proviendront des ventes et aliénations desdits Hôtels qui seront faites par lesdits Commissaires, soient payés et remis par les acquéreurs ès mains du sieur Micault d'Harvenay, garde de notre Trésor Royal, ainsi que ceux qui auroient déjà été perçus de la vente des meubles et effets meublans lesdits Hôtels, dont tout dépositaire demeurera garant jusqu'à délivrance d'iceux esdites mains, comme a été dit ci-dessus, et lesdits deniers, tant de la vente des Hôtels que de celle des meubles, effets et ustensiles par auparavant les meublans, Nous avons spécialement affecté et hypothéqué, affectons et hypothéquons au remboursement de la finance des charges des Officiers de nosdites Compagnies supprimées ou réduites des Mousquetaires, Gendarmes, Chevaux-Légers, et aussi des charges de Commissaires attachées auxdites Compagnies de Mousquetaires et à celle de Grenadiers à cheval, en premier lieu et par préférence à celui des Brevets de retenue accordés aux titulaires desdites charges, et de suite à l'acquit de ce qui pourra leur rester dû du montant de leurs finances sur le pied de leur acquisition, après lesdits Brevets de retenue acquittés, et conformément à l'état de fixation et de liquidation que nous en aurions arrêté en notre Conseil, et qui demeurera annexé à ces Présentes. Si donnons en mandement à nos amis et féaux Conseillers les gens tenant notre Cour de Parlement et notre Chambre des Comptes à Paris, que ces Présentes ils ayent à enregistrer, et du contenu en icelles faire jouir et user pleinement les acquéreurs desdits Hôtels, leurs successeurs et ayant cause, et tous ceux qu'il appartiendra, sans permettre qu'il y soit contrevenu en quelque sorte et manière que ce soit, nonobstant toutes Ordonnances, Edits, Déclarations à ce contraires, auxquelles et aux dérogatoires d'icelles Nous avons dérogé et dérogeons par cesdites Présentes : Car tel est notre plaisir. En témoin de quoi Nous y avons fait mettre notre scel. Donné à Versailles le dix-neuvième jour du mois d'avril, l'an de grace mil sept cent soixante-dix-sept, et de notre règne le troisième. *Signé :* LOUIS. Et plus bas : Par le Roi, AMELOT. Vu au Conseil : TABOUREAU. Et scellé du grand sceau de cire jaune.

Registrée, oui, et ce requerant, etc.

Signé : DUFRANC.

Suit un état de la fixation et liquidation arrêtée par le Roi en son Conseil, du prix des charges des Officiers des Compagnies de Gendarmes, Chevaux-Légers, Mousquetaires, Commissaires desdites Compagnies et de celle des Grenadiers à cheval, supprimés par ordonnance du 15 décembre 1775.

Appendice 8. — Marché Boulainvilliers.

Lettres patentes du Roi portant établissement d'un nouveau marché rue de Beaune, à l'hôtel qui servoit de logement à la première Compagnie des Mousquetaires de la garde du Roi, sous le nom de marché de Boulainvilliers. — Données à Versailles au mois de novembre 1780. — Registrées en Parlement le seize janvier mil sept cent quatre-vingt-un.

LOUIS, par la grâce de Dieu, Roi de France et de Navarre : à tous présens et à venir, Salut. Notre amé et féal le sieur Anne-Gabriel-Henri-Bernard de Boulainvilliers, marquis de Boulainvilliers, notre Conseiller et nos Conseils, Président honoraire en notre Cour de Parlement, Prévôt de la Ville, Prévôté et Vicomté de Paris, Conservateur des privilèges royaux de l'Université de ladite Ville, grand Croix honoraire de notre Ordre royal et militaire de Saint-Louis, nous a fait exposer que François-Antoine Rubit l'aîné, négociant à Paris, lui a, par acte passé devant le Pot-d'Auteuil et son confrère, notaires au Châtelet de Paris, le 23 juin 1779, vendu et transporté un Hôtel qui servoit de logement à la première Compagnie des Mousquetaires de notre Garde, situé à Paris, rue de Baune, fauxbourg Saint-Germain, et qui avoit été adjugé audit Rubit par les Commissaires de notre Conseil, par arrêt du 6 août 1778, que par cette adjudication il a été permis à l'adjudicataire d'établir un marché dans l'intérieur de cet Hôtel; que ledit marquis de Boulainvilliers avoit en conséquence fait construire partie des bâtimens convenables pour un marché qu'il devoit ouvrir après y être par Nous, autorisé; mais les Prieurs et Religieux de l'Abbaye de Saint-Germain des Prés, et le sieur Marchal de Saincy, économe-sequestre des revenus de ladite Abbaye, s'étant rendus opposans à l'exécution de l'arrêt d'adjudication, ledit marquis de Boulainvilliers a été obligé de suspendre jusqu'au jugement de l'Instance intervenue, par arrêt de notre Conseil, du 26 septembre dernier, qui prononce la pleine et entière exécution de l'adjudication faite par les Commissaires nommés à cet effet; tous les obstacles étant levés et cet établissement devant être autorisé et approuvé par Nous, ledit marquis de Boulainvilliers nous a très humblement fait supplier de lui accorder sur Lettres patentes sur ce nécessaires. A ces causes, désirant procurer aux habitans de notre bonne ville de Paris tous les avantages et toutes les commodités qui peuvent dépendre de Nous, répondre aux vues de notre amé et féal ledit marquis de Boulainvilliers, Prévot de ladite Ville, Nous avons, conformément audit arrêt d'adjudication du 6 août 1778, ci-attaché avec ledit acte de vente, sous le contre-scel de notre Chancellerie, établi par ces présentes, signées de notre main et de notre grace spéciale, pleine puissance et autorité royale, établissons un marché sous le nom de Marché de Boulainvilliers, à l'Hôtel qui servoit de logement à la première Compagnie des Mousquetaires de notre Garde, aux charges, clauses et conditions portées audit arrêt, notamment d'être dispensé à perpétuité du logement de gens de guerre; ordonnons en conséquence que ledit marquis de Boulainvilliers y fasse construire les boutiques, des étaux à boucheries limités au nombre de six, et échoppes nécessaires pour la sûreté et commodité des marchands et fournisseurs qui viendront s'y établir; et de notre même grace et autorité que dessus, nous avons, en tant que de besoin, ratifié et ratifions par cesdites présentes la vente qui a été faite par le sieur Rubit audit marquis de Boulainvilliers; voulons que ledit marquis de Boulainvilliers, ses successeurs et ayant cause, soient et demeurent propriétaires incommutables dudit Marché, qu'ils en jouissent et disposent comme de chose leur appartenante, qu'ils fassent percevoir les droits conformément à ceux perçus dans les autres marchés de la Ville et fauxbourgs de Paris, le tout sous l'Inspection, Justice et Police du sieur Lieutenant-Général de Police de notre dite Ville. Si donnons en mandement à nos amés et féaux Conseillers les gens tenant notre Cour de Parlement à Paris, et autres nos Officiers qu'il appartiendra, que ces présentes ils aient à faire registrer, et de leur contenu faire jouir et user ledit marquis de Boulainvilliers, ses successeurs et ayant-cause, pleinement, paisiblement et perpétuellement, cessant et faisant cesser tous troubles et empêchemens contraires; car tel est notre plaisir; et afin que ce soit chose ferme et stable à toujours, nous avons fait notre scel à cesdites présentes. Donné à Versailles, au mois de novembre l'an de grace mil sept cent quatre-vingt, et de notre règne le septième. *Signé :* Louis. Et plus bas : Par le Roi : Amelot. Visa : Hue de Miromesnil. Et scellées du grand sceau de cire verte, en lacs de soie rouge et verte.

Registrées, ce consentant le Procureur-Général du Roi, etc., etc..... A Paris, en Parlement, le seize janvier mil sept cent quatre-vingt-un.

Signé : Ysabeau.

Appendice 9. — Acceptation du legs fait à la bibliothèque du Noviciat des Jacobins par le duc d'Orléans, fils du Régent.

Nous, Fr. Antoine Brémond, professeur en S. Théologie, maître-général de tout l'Ordre des Frères prêcheurs.

Ayant appris que S. A. R. Monseigneur le duc d'Orléans, dont la mémoire sera toujours en bénédiction, voulant donner un témoignage éclatant de la bonté singulière qu'il doignoit avoir pour notre Ordre, lui a légué expressément par son testament tous ses livres, à la réserve d'un catalogue manuscrit dont il avoit disposé autrement, et pareillement tous les manuscrits des ouvrages qu'il avoit composés, soit qu'ils soient copiés ou non, finis ou non, les originaux et les copies : avec la liberté aux supérieurs généraux de l'Ordre de réunir tant les livres que les manuscrits dans une même maison ou de les distribuer en plusieurs, selon qu'ils le jugeront plus avantageux pour le progrès des études dans leur Ordre, et de faire imprimer les susdits ouvrages par lui composés dans telle manière qu'ils jugeront à propos;

A ces causes, sachant par une longue expérience que nous avons du rare mérite du R. P. T. André Vassal, notre procureur pour le roiaume de France, que nous pouvons compter sur lui comme sur nous-même : en vertu des Présentes et par autorité de notre office, nous lui enjoignons :

1° D'accepter, en notre nom et en celui de tout notre Ordre, ce legs et donation susdits, avec toutes les solennités à ce requises;

2° De faire transporter sans délai dans notre couvent du Noviciat général de Paris, rue Saint-Dominique, tous les livres et manuscrits légués comme cy-dessus; desquels livres et manuscrits, il fera faire un inventaire exact, et dudit inventaire quatre copies, dont l'une nous sera envoiée; l'autre restera entre ses mains; la troisième sera consignée au R. P. Prieur de notre dit Noviciat général, et par celui-ci au R. P. Bibliothécaire; et la quatrième sera mise dans l'armoire cy-dessous;

3° Nous enjoignons audit T. R. P. André Vassal de faire mettre et conserver tous les manuscrits des ouvrages composés par S. A. R. Mgr le

Duc d'Orléans dans un armoire qui sera fait pour cet effet, et qui sera fermé à trois clefs, dont une restera entre les mains dudit T. R. P. Vassal, l'autre entre celles du P. Prieur ou Principal supérieur de notre dit Noviciat général, et la troisième entre les mains du P. Bibliothécaire, pour agir tous les droits de concert, en conséquence de ce qui leur sera prescrit par Nous ou par nos successeurs, conformément à la volonté du pieux testateur.

Et quoique, par la présente disposition que nous faisons cy-dessus, nous jugions à propos et voulions que tous les livres et manuscrits légués comme cy-dessus soient conservés dans une même bibliothèque de notre dit Noviciat général de Paris, rue Saint-Dominique, Nous déclarons néanmoins que nous ne prétendons point donner atteinte ni porter préjudice à la liberté que Mgr le testateur a laissée à Nous et à nos successeurs, les supérieurs généraux de l'ordre, de disposer de tous les livres et manuscrits avec toute l'étendue mentionnée dans le testament; laquelle liberté, par ces présentes, nous réservons à Nous et à nos successeurs.

Nous ordonnons que les présentes soient luës à la communauté et insérées dans le livre des conseils de notre Noviciat général de Paris.

Au nom du Père, du Fils et du Saint-Esprit. Ainsi soit-il. Nonobstant toute chose à ce contraire.

En foi de quoi nous avons signé les présentes de notre propre main et y avons fait apposer le sceau de notre office.

Donné à Rome, dans notre couvent de S. Marie sur la Minerve, ce 1er de mars MDCCLII. Fr. Antonius Brémond, *magister ordinis.*

(Archives nationales. — *Les anciennes Bibliothèques de Paris,* par Franklin.)

Appendice 10.

A la commission des armes de la République Memoire. Pour Jean François Julliot, citoyen de la section du Muséum, homme de loi, et Membre du Bureau de conciliation du deuxième Arrondissement du département de Paris.

Le C. Julliot demande la Restitution d'un terrain qui lui a été vendû par la Nation, dont il a payé le prix et dont une administration s'est ensuite emparée *révolutionnairement.*

Par procès-verbal du 11 octobre 1791, la Municipalité de Paris a vendu et adjugé au C. Julliot, une maison, jardin et dépendances, situés à Paris rüe du Bac, faubourg Germain n° *250* aujourd'hui *941*, provenant des dominicains de la rüe du Bac.

Le procès-verbal, ainsi que l'estimation et le plan des Experts, qui y sont annexés, porte que ladite maison et ses dependances tiennent du nord a une autre maison provenante de la Communauté des dominiquains, du couchant à la rüe du Bac, du midi au passage public de la rüe du Bac à la place de l'Église *et du levant à l'Église des dominiquains;*

Il est reputé dans ce proces-verbal que l'emplacement de ladite maison et dépendances s'étend, *du levant, au parement extérieur de l'Église, n'établissant pas de mitoyenneté.*

Il est aussi stipulé dans ledit procès-verbal que le *couloir existant dans le fond du jardin et qui conduit le long du mur de l'Église à la Place, sera supprimé, et les issües murées par le prolongement du mur mitoyen au nord jusqu'au mur de l'Église.*

On a encore stipulé dans le même procès-verbal que *les jours de l'Église, qui se trouvent en face de la d^e maison, seroient conservés et resputés* TANT QUE LA D^e ÉGLISE SUBSISTEROIT POUR LE SERVICE DU CULTE DIVIN *et qu'il n'y auroit point de mitoyenneté avec ces bâtimens.*

Telles sont les dispositions du titre de l'acquisition du C. Julliot, tels sont les droits qui lui appartiennent;

Depuis cette acquisition, l'église en question est devenue l'église de la cyd. Paroyse de Saint-Thomas d'Acquin; mais ensuite elle a été absolument interdite et on y a établi un Magasin de fer pour le compte de la République;

Des l'instant que *le service du culte divin* a cessé, le C. Julliot a eu le droit incontestable, aux termes de son adjudication, d'exiger que *les jours de l'Église qui se trouvaient en face de sa maison fussent condamnés;* son titre le porte expressément. Il se réserve tous ses droits à cet égard;

Les Administrateurs du magasin des fers, qui avoient la facilité d'établir leurs bureaux dans différents emplacements sans nuire, ni au C. Julliot, ni au C. Girard, acquéreur de la maison voisine, ont imaginé de former un Bureau dans la partie du bâtiment de la d^e Église, qui joint leurs fonds; pour cet effet ils ont ouvert une large porte et une fenêtre, et ont pratiqué un tuyau de cheminée en saillie sur leurs terrains; ils ont plus fait : ils se sont emparé d'autorité et sans prévenir personne, de toute la partie appartenante au C. Julliot dans l'ancien couloir, partie très prétieuse sur laquelle il vouloit faire une construction, et ils se sont aussi emparé d'une portion du terrain du C. Girard;

Les entreprises furent faites dans les mois de floréal et prairial de l'an II, Les C. Julliot et Girard n'en furent instruits que lorsque tout étoit presque consommé;

Muni de ses titres le C. Julliot se transporta dans ledi mois prairial au Bureau des Administrateurs dans le bâtiment de lad^e Église; il leur exposa ses droits, il leur représenta ses titres, dont il fit avec eux l'application sur le local même ; en conséquence il les requit de supprimer leurs entreprises et de lui rendre son terrein; il leur prouva même qu'il avoit le droit de faire condamner les anciens jours de l'Église qui se trouvoient en face de la maison;

Les Administrateurs, après un mûr examen des titres, ne purent se dispenser de convenir de la propriété et des droits du C. Julliot; mais alors la justice donnoit et *les hommes en place* se croyoient tout permis; *Nous nous sommes emparé de ton terrain* RÉVOLUTIONNAIREMENT *et nous le garderons de la même manière : fais ce que tu voudras :* tel fut l'oracle de ces administrateurs;

Robespierre vivoit; ses agents étoient despotes comme lui; la terreur comprimoit toutes les âmes honnêtes; les Réclamations les plus légitimes, les vertus même, etoient des crimes; c'étoit des titres de proscriptions, qui dans ces temps d'horreurs conduisoient les hommes les plus probes, à l'incarcération et à la mort; les C. Julliot et Girard crurent donc qu'il étoit de leur Prudence de garder le silence sur l'usurpation des administrateurs, et d'attendre un temps plus opportun, pour se plaindre.

Abusant de cette prudence même, ces administrateurs ont encore porté plus loin leurs entreprises; mais le C. Julliot gardera le silence à cet égard, si, comme on l'espère, la Commission fait droit sur la présente réclamation, dont la justice est évidente d'après les titres, dont il offre de faire la représentation; il se réserve au surplus tous ses droits.

Dans ces circonstances, le C. Julliot demande qu'il plaise à la Commission des armes de la République ordonner que les porte et fenêtre qui ont été ouvertes sans droit sur son terrein seront condamnées et murées dans la huitaine aux frais des Administrateurs des Magasins des fers de la rue du Bacq, que le tuyau de cheminée qui a été construit en saillie sur ledit terrein sera démoli et détruit dans led. délai, aux frais des mêmes Administrateurs, leur faire défense expresse de troubler à l'avenir le C. Julliot, dans sa propriété, possession et jouissance dud. terrein; en consequence ordonner que ces administrateurs, leurs employés, commis, ouvriers et concierge ne pourront à l'avenir sous aucun prétexte et pour quelque cause que ce puisse être, passer sur led. terrein, ni y faire aucune entreprise de quelque nature que ce soit.

Fait à Paris le 8 germinal l'an III de la République.

J.-T., quay de l'École n° 5.

En marge de ce mémoire est écrit :

Le 11 germinal l'an 3, j'ai remis un net de ce Mem. à la commission des armes quay Malaquai.

Mon Memoir est renvoyé à la 3e division rue de l'Université maison 934 au coin de la ruë du Bacq.

C'est le C. Philpin, section des approvisionnements, qui en est chargé, le memoire est enregistré n° 13918.

Le 17 germinal l'an 3, j'ai vû le C. Philpin ; je suis convenu avec lui :

1° Que mon terrein me sera rendu.

2° Que la porte que les administrateurs ont ouverte sur ce terrein sera par eux condamnée et murée.

3° Qu'au... de cette porte il sera laissé un jour de souffrance, pour éclairer la petite pièce qu'ils ont faite au Rez-de-chaussée de l'église, mais que ce jour sera étroit et garni de barre de fer et de grille, et que je les obligerai de se murer si je viens à batir contre l'église et même quand je le jugerai à propos.

4° Que la fenêtre du bureau du 1er étage restera quant à présent, mais que j'aurai le droit de les obliger à la murer, quand je le jugerai à propos.

5° Que j'aurai pareillement le droit de faire condamner les autres jours de l'église qui sont en face de ma maison conformément à mon adjudon.

Ced. j. 17 germinal j'ai envoyé aud. C. Philpin un extrait de moi, certifié de mon procès-verbal d'adjudon et de celui d'estimation.

Appendice 11.

VENTE DE L'HOTEL SAMUEL BERNARD

Etudes de { Me **Cabaret**, notaire à Paris, rue Louis-le-Grand, 28; Me **Meignen**, notaire à Paris, rue Saint-Honoré, 370.

ADJUDICATION

En un lot, même sur une seule enchère

En la chambre des notaires de Paris, sise place du Châtelet, par le ministère de Mes Cabaret et Meignen, notaires,

Le mardi 21 décembre 1880, à midi

D'UN

HOTEL

ET DE

DEUX MAISONS

à Paris

242, boulevard Saint-Germain, et rue du Bac, 46, 48 et 50.

CONTENANCE : **3.843** MÈTRES

DÉSIGNATION :

HOTEL

Cet hôtel, connu sous le nom d'Hôtel de Boulogne, porte le n° 46 de la rue du Bac et se compose :

D'un bâtiment principal en façade sur ladite rue et de deux bâtiments en aile à droite et à gauche, élevés sur caves d'un rez-de-chaussée, de deux étages carrés, et d'un étage lambrissé;

MAISONS

Ces deux maisons, en bordure sur la rue du Bac et portant les nos 48 et 50 de ladite rue, sont élevées sur caves d'un rez-de-chaussée, de trois étages carrés et d'un étage lambrissé.

La cour du n° 48 est couverte d'un vitrage.

Le tout d'une contenance de 3.843

Au milieu, cour d'honneur;

Dans le fond, vaste jardin séparé de la cour par une grille en fer forgé et dans lequel se trouvent des statues, fontaine monumentale et vérandah;

Cour d'écurie, entourée de bâtiments servant autrefois de dépendances à l'hôtel principal;

Seconde cour ayant accès par une porte cochère sur le boulevard Saint-Germain;

Entre cette dernière cour et le jardin, corps de logis élevé sur caves d'un rez-de-chaussée, d'un étage carré et d'un étage lambrissé;

En pan coupé sur le jardin, salon monumental;

Enfin, en bordure sur le boulevard Saint-Germain, sur lequel ils ont une façade de 57 mètres 98 centimètres, une série de bâtiments élevés partie sur caves et partie sur terre-plein d'un rez-de-chaussée et d'un étage lambrissé.

mètres, ayant en façades : sur le boulevard Saint-Germain 57 mètres 98 centimètres et sur la rue du Bac 40 mètres 01 centimètre.

Réserves. — Voir le cahier d'enchères au sujet des réserves qui sont faites, de glaces, meubles, cheminées, boiseries et peintures d'art se trouvant dans l'hôtel.

Entrée en jouissance : *1er octobre 1880.*

Revenu : **98.420** francs.

Mise à prix : **1.800.000** francs.

S'adresser pour tous renseignements et permis de visiter :

A M. MARÉCHAL, 101, rue de Lille, à Paris;

A Me MEIGNEN, notaire, à Paris, rue Saint-Honoré, 370.

Et à Me CABARET, aussi notaire à Paris, rue Louis-le-Grand, 28, dépositaire de l'enchère et des titres de propriété.

(*Suit la liste des baux et locations*).

Appendice 12.

VENTE DE LA MAISON N° 66 DE LA RUE DU BAC

Étude de Me **Baudrier**, notaire à Paris, rue de la Chaussée-d'Antin, n° 68.

ADJUDICATION

MÊME SUR UNE ENCHÈRE

En la chambre des notaires de Paris, sise place du Châtelet, par le ministère de Me Baudrier, l'un d'eux,

Le mardi 29 mars 1881, à midi

D'UNE

MAISON

Sise à Paris, rue du Bac, n° 66

(presque à l'angle du boulevard Saint-Germain et en face le boulevard d'Enfer).

DÉSIGNATION :

Cette maison se compose de trois corps de bâtiments.

Le premier, sur la rue, élevé sur caves, d'un rez-de-chaussée et de cinq étages carrés, sans mansardes.

Le second, entre les deux cours ci-après, élevé sur caves, d'un rez de-chaussée et de six étages carrés, sans mansardes.

Et le troisième, au fond de la deuxième cour ci-après, élevé d'un rez-de-chaussée et d'un premier étage.

Deux cours entre ces trois corps de bâtiments.

Superficie : **150** mètres environ.

Mise à prix : **90.000** francs.

Revenu net : **9.176** francs **45** centimes.

Entrée en jouissance : *1er avril 1881.*

S'adresser : à Me BAUDRIER, notaire à Paris, rue de la Chaussée-d'Antin, dépositaire du cahier des charges.

(*Suit l'état des locations et charges.*)

Appendice 13.

VENTE DE L'HOTEL DE TURENNE

N° 100 de la rue du Bac.

Étude de Me **Demonts**, notaire à Paris, place de la Concorde, n° 8.

ADJUDICATION

En la Chambre des notaires de Paris, sise place du Châtelet, par le ministère de Me Demonts, l'un d'eux,

Le mardi 25 mars 1890, à midi

D'UN

HOTEL

à Paris, rue du Bac, n° 100.

Cet hôtel se compose de :

Un bâtiment en façade sur la rue, double en profondeur, élevé sur caves voûtées, d'un rez-de-chaussée, un entresol, trois étages carrés et grenier au-dessus.

Cour à la suite.

Autre corps de bâtiment élevé comme le premier.

Communs comprenant écuries et remises, chambres de cochers et grenier à fourrage.

Contenance : 460 mètres 58 centimètres environ.

Mise à prix : **160.000** francs.

Il y aura adjudication même sur une seule enchère.

Entrée en jouissance immédiate.

Appendice 14.

VENTE DE L'HOTEL DE SAINTE-ALDEGONDE

N° 102 de la rue du Bac.

Étude de Mᵉ **Demonts**, notaire à Paris, place de la Concorde, n° 8.

ADJUDICATION

En la Chambre des notaires de Paris, sise place du Châtelet,
par le ministère de Mᵉ Demonts, l'un d'eux

Le mardi 25 mars 1890, à midi

D'UN

HOTEL

à Paris, rue du Bac, n° 102.

Cet hôtel se compose de :

Un bâtiment en façade sur la rue, double en profondeur, élevé sur caves voûtées, d'un rez-de-chaussée, un entresol, deux grands étages carrés, un troisième étage sous combles, et au-dessus, également sous combles, un étage de chambres de domestiques.

Cour à la suite.

Communs élevés sur terre-plein, d'un rez-de-chaussée surmonté d'un comble à la Mansard, comprenant écuries et remises, chambres de cochers et grenier à fourrage.

Contenance : **534** mètres environ.

Mise à prix : **180.000** francs.

y aura adjudication même sur une seule enchère.

Entrée en jouissance immédiate.

Appendice 15. — Contrat de fondation de l'hôpital des Convalescents.

Par devant les notaires garde notes du Roy, nostre sire, en son Chastelet de Paris soubsignez, furent présens venerable et discrette personne maître André Gervaise, prestre, naguères chanoine de Nostre-Dame de Reims et successeur du deffunt R. P. Bernard aux exercices de la Charité, estably à Sainct-Germain des Prés de cette ville de Paris, demeurant rue du Bacq, paroisse Sainct-Sulpice, d'une part; et R. P. Barnabé Moncelet, prieur du couvent de ladicte Charité, demeurant dans ledict couvent, tant au nom dudict couvent que comme ayant charge et se portant fort du R. P. Provincial, vicaire général en France dudict ordre, par lequel et par lesdicts religieux et couvent dont il est fondé de pouvoir par acte capitulaire du vingtieme du présent mois et an, demeuré annexé à la minutte des présentes et cy après transcript, après qu'il a été signé, paraphé des aultres partyes et notaires soubsignez, en conséquence du présent contract il promect faire ratifier ce contract et faire obliger lesdits religieux et couvent à l'entretenement du contenu en icelles dans trois mois et en fournir présentation audict sieur Gervaise dans ledict temps, d'autre part. Disant les partyes, scavoir ledit sieur Gervaise qu'une maison, jardin et lieux en dépendance, sise audict Sainct-Germain des Prés en ladicte rue du Bacq, acquise par illustrissime révérendissime seigneur messire Jean Pierre Camus, ancien évesque de Bellay, de Mme Barbier, veuve de deffunct Charles Berthe par contract passé par devant Roussel et Maureau, notaire audict Chastelet, ce 26 juin 1650, moyennant le prix et charges y portés, lui a été mise entre les mains par ledit seigneur évesque de Bellay par acte dudict jour passé par devant lesdits notaires pour en faire un hospital de la Charité de Nostre-Dame des Convalescens. Le prix de laquelle maison et lieux en dépendance le sieur Gervaise a dit avoir esté payé des deniers de personnes de piété et de charité, et voyant que ladicte maison n'est pas encore fondée et n'a aulcun revenu ni commodité, iceluy sieur Gervaise a jugé, pour la gloire de Dieu et le soulagement des pauvres, mettre icelle maison entre les mains des religieux de ladicte Charité dudict fauxbourg Sainct-Germain pour estre gouvernée et administrée par eux. Et affin d'accroistre son dessein, il a jugé à propos de fonder pour huict licts et y servir huict convalescens, deux religieux de l'ordre de ladicte charité et un serviteur y demeurant, et pour ce, de donner pour chacune personne deux cent cinquante livres de rente qui font pour les dictes personnes au nombre de onze deux mille sept cent cinquante livres de rente. Et outre ce, de donner encore pour deux prestres séculiers sept cents livres de rentes, touttes lesdictes rentes au dernier vingt, requérant ledict sieur Gervaise lesdicts religieux du couvent de la Charité de vouloir accepter pour la gloire de Dieu et soulagement des pauvres la fondation et donation

1. *Le Faubourg Saint-Germain*, t. IV, p. 418.

qu'il désire faire de ladicte maison et rentes à cette fin. Et par ledit Père Moncelet, prieur, audict nom, a été dit, après avoir communiqué de l'intention et fondation dudict sieur Gervaise à leur chapitre, ils seroient demeurez d'accord de l'accepter sous les conditions ci-après desclarées. En conséquence de quoi, icelles partyes ont fait entre elles ce qui en suit.

C'est assavoir que ledict sieur Gervaise, au nom du fondateur dudict hospital de la Charité de Nostre-Dame des convalescens a vollontairement de sa pure et libre volonté donné, ceddé, quitté et délaissé par ces présentes du tout dès maintenant et à toujours, par donnation irrévocable faicte entre vifs et en la meilleure forme que faire se peult, audict couvent et hospital de la Charité susdite acceptant par ledit R. P. Barnabé Moncelet, prieur au susdit monastère, ladicte maison sise audict Sainct-Germain en ladicte rue du Bac consistant en plusieurs bastiments, porte cochère, court, puits et jardins clos de murs, lieux et appartenances d'icelle, acquis comme dit est, pour estre à demeure ladicte maison à perpétuité auxdicts religieus sous le titre d'hospital de la Charité de Nostre-Dame des convalescens, aux conditions qui ensuivent, scavoir qu'il y aura toujours et à perpétuité huit places en ladicte maison et hospital pour huict malades convalescens, deux prestres séculiers, deux religieux dudict hospital et un serviteur; qu'il ne sera admis audict hospital aulcuns malades, oins seulement ceux qui seront en convalescence et hors la nécessité des remèdes et non infectés de maladies contagieuses, flux de sang, de ventre et autres semblables. Que lesdictz deux prebstres seront choisis par le supérieur dudict hospital des convalescens et approuvés par l'ordinaire et seront tenus d'enseigner et catéchiser lesdits convalescens une fois le jour alternativement et dire trois messes tous les jours à l'intention du fondateur et bienfaiteurs dudict hospital aux heures qui seront réglées par ledict supérieur. Et seront lesdicts prebstres destituables quand bon semblera audict supérieur et lorsqu'il le jugera à propos sans qu'ils puissent prétendre aucun titre de bénéfice audict hospital. Et attendu que ledict Gervaise est le fondateur dudict hospital et qu'il désire d'y continuer tous soins charitables et remplir en qualité de prestre libre l'une des susdites deux places pour vacquer à l'instruction des susdicts convalescens, il demeurera audict hospital comme il lui plaira, sans qu'il en puisse estre dépossédé sy bon ne lui semble. Lequel aura les mêmes droits que l'autre ecclésiastique et se réserve le pouvoir de l'admission et répulsion desdicts ecclésiastiques qui seront établis pendant sa vie audict hospital des convalescens, sans que lesdictz ecclésiastiques puissent prétendre aucune nourriture ni entretien, ains seulement leurs dictz droitz avec un logement convenable selon leur condition dans ledict hospital où ils résideront toujours et ne pourront s'absenter dudict hospital plus long temps qu'un mois par chacun an. Et en cas d'absence, seront tenus de mettre en leur place aultre ecclésiastique capable, jusques à leur retour, agréé par ledict P. Supérieur, sans que le sieur Gervaise, comme fondateur susdict, soit obligé à la présente clause, sy bon ne lui semble, et il lui sera loysible de sortir, aller, venir, quand il désirera, en mettant un autre ecclésiastique à sa place jusqu'à son retour, afin que lesdites deux places soient toujours remplies de deux ecclésiastiques.

Que lesdictz religieux du couvent de la Charité seront tenus expressément de bien et fidèlement administrer ledict hospital de la Charité Nostre-Dame des Convalescens et employer le revenu pour la nourriture desdictz convalescens sans que ledict revenu puisse estre meslé avec celui dudict hospital de la Charité. Mais sera toujours administré comme un hospital séparé, dont l'usage, institution et fondation sont particuliers et sans que ledict hospital des convalescens puisse estre transféré en aultre lieu pour quelque cause que ce soit. Plus aulcuns religieux dudict hospital de la Charité tombant malades et revenant en convalescence, ne seront admis audict hospital des convalescens, qui est seulement institué pour les pauvres convalescens, ainsi qu'il a été cy-dessus spécifié.

Lesquels convalescens seront tenus de se lever tous les matins à sept heures et demie pour entendre et assister aux prières qui se diront à huit heures à la chapellé dudict lieu et y entendre la saincte messe, à l'issue de laquelle leur sera donné à desjeuner convenablement à leurs nécessités. Après ledit desjeuné, lesdictz convalescens employeront le temps jusques à onze heures en choses pieuses et honnestes comme la lecture des bons livres ou bons entretiens, le tout à la gloire de Dieu. Et à ladicte heure de onze heures, chacun se rendra au son de la cloche au réfectoire pour disner, où sera dit et récité tout haut le *Pater*, l'*Ave sancta*, le *Credo in Deum spiritum* et les commandemens de Dieu, le tout en françois auparavant le *Benedicite* qui sera aussi dit avant de se mettre à table pour disner. Et sur les trois heures après disné, lesdictz convalescens se trouveront tous au catéchisme qui se fera par l'un des prestres séculiers chacun jour. Et à cinq heures de relevée, l'horloge sonnante, lesdictz convalescens iront au réfectoire prendre leur souper, où il sera dit auparavant les mesmes prières qu'au disner, devant déclarées. A sept heures et demie de relevée, aussi par chacun jour, seront faites les prières qui seront commencées par les lytanies de la Vierge et l'antienne du saint, selon l'usage de l'Église, et l'examen de conscience, et faictes ainsi pour tous les bienfaiteurs de ladicte maison et hospital des convalescens; après quoi ils se retireront chacun en leurs chambres. Lesquelles, pour coucher lesdictz convalescens, seront garnies de bonnes couvertures, matelas, traversins, paillasses; et si quelques personnes de charité faisoient fondation de quelque lit pour augmenter lesdictz convalescens, ils seront de mesme couleur que ceux qui y sont à présent.

Que aulcuns convalescens ne demeureront en ladicte maison plus longtemps que quinze jours, affin de pouvoir assister les ceux qui y viendront en leur lieu. En outre, qu'il n'y aurà médecin, chirurgien ni apothicaire audict hospital des convalescens qui est seulement aussi institué pour donner moyen auxdictz convalescens de reprendre leurs forces; et sy aulcuns desdictz convalescens avoient besoin de remèdes ou retombaient en maladie, ils retourneront audict hospital des convalescens pour y estre traictez.

Seront tenus lesdictz religieux, prieur et couvent de la Charité, suivant l'intention dudict fondateur, d'entretenir et exécuter entièrement la présente fondation. Et où ils feroient du contraire, ledict sieur Gervaise fondateur veult d'abord que ladicte maison cy-dessus déclarée demeure et appartienne scavoir moitié à l'Hostel-Dieu de Paris et l'autre moitié à la maison des Incurables dudict faulxbourg Sainct-Germain. Auquel cas, il leur en fait don perpétuel. Auxquels Hostel-Dieu et hospital des Incurables sera baillé aultant du présent contrat, à cette fin que les comptes du revenu de l'administration dudict hospital des convalescens seront rendus tous les ans par ledict supérieur d'icelluy audict provincial dudict ordre et prieur dudict hospital de la Charité, pour de ladicte maison et ensemble des rentes et sommes ci-après déclarées jouir par lesdicts religieux de la Charité aux fins que dessus, du premier avril prochain, à toujours et à perpétuité sous lesdictes charges devant déclarées. Et d'aultant que, pour entretenir lesdicts huict mallades convalescens, deux prestres séculiers, deux religieux et un serviteur suivant l'intention dudict fondateur, il a jugé nécessaire d'avoir le revenu de trois mille quatre cent cinquante livres de bonnes rentes en fonds d'héritage ou rentes constituées au denier vingt, qui font en principal soixante neuf mil livres du susdict fondateur pour l'entière exécution de ladicte fondation, et affin de fournir jusques à la concurrence desdicts soixante neuf mil livres, a pareillement donné, ceddé et transporté aussi par donation irrévocable faite entre vifs, comme dit est, audict hospital de la Charité, aussi ce acceptant, pareille somme de soixante neuf mil livres sur lesquelles ledict révérend Père Barnabé Moncelet susnommé confesce avoir reçu dudict sieur fondateur qui lui a présentement baillé, compté, nombré et délivré, présents lesdictz notaires soussignés, en espèces de pistolles d'Espagne, louis d'argent monnoyé, la somme de dix huit mil livres qui seront employées sans retard en bons héritages ou rentes au proffit de ladicte maison et hospital de la Charité Nostre-Dame des convalescens, le plustot que faire se pourra, en présence et du consentement dudict sieur Gervaise et non aultrement.

Et pour faire insinuer ces présentes partout où il appartiendra, les partyes ont respectueusement fait et constitué leur procureur général et spécial le porteur auquel ils en donnent pouvoir et d'en requérir acte, car ainsy a esté accordé entre les partyes. Elisant leurs domicilles irrévocables en tant que besoing seroit ès maisons où elles sont demeurantes devant mentionnées, auxquels lieux, etc. Nonobstant, etc, permettant, etc, obligeant, etc, chacun endroict soy et l'une desdites partyes vers l'aultre, renonçant, etc. Faict et passé à Paris en la maison des susdicts convalescens, susdéclarrés, l'an M. VIe cinquante deux, le trente et pénultième jour de mars après midi. Et ont, avec lesdicts notaires soussignez; signé sur la minutte des présentes demeurée vers David, l'un desdicts notaires soussignez (Emsuit la teneur dudict acte capitulaire, dont il est cy devant fait mention, d'un livre couvert de parchemin relié sain et entier intitulé: Registre des actes capitulaires de ce couvent et hospital Sainct Jean Baptiste, ordre de la Charité du bienheureux Jean de Dieu situé à Sainct Germain des Près lès Paris, commençant le premier jour de juin 1640. Au folio 199. recto, en a été tiré extraict l'acte dont la teneur ensuit).

Cejourd'hui vingt quatre jour de mars mil six cent cinquante deux, en ce couvent et hospital Sainct-Jean Baptiste, ordre de la Charité du bienheureux Jean de Dieu situé à Sainct-Germain des Prés lès Paris, ont été congrégez et assemblez en chapitre par le son de la cloche à la manière accoustumée les religieux capitulans d'iceluy, où se sont trouvez le révérend père Barnabé Moncelet, prieur, Athanase Vuatrin, prestre, Denis Cassin, soubsprieur, Jean Aubertin, député dudit ordre, Dominique Asselin, ancien religieux et très révérend prieur et fondateur soubsignez, auquel lieu, sur la proposition faite par ledict révérend père prieur, que monsieur Gervaise, prestre successeur du deffunct révérend père Bernard, porté d'un particulier zelle et d'une bonne volonté pour nostre ordre, fait offre et désire de nous establir en la maison et hospital institué pour recevoir les pauvres malades convalescens qui sortent d'un hospital et fonder en icelle maison huict licts pour y recevoir aultant de pauvres convalescens ; et pour cet effet de fournir présentement en fonds ou rentes deux cent cinquante pour l'entretien de chacun des convalescens, cinq cents livres aussi de rente pour deux religieux, sept cents livres pour deux prestres, et aultres deux cent cinquante livres pour un serviteur, le tout aux clauses et conditions portées par le projet du contract de fondation qui en a esté faict et dressé. Et après que lecture a été faicte dudict projet et que ledict révérend père prieur a requis lesdictz religieux et demandé leur avis l'un après l'aultre, ont tous esté d'advis et arresté par ladicte fondation et establissement sera acceptée aux clauses et conditions portées par ledict project. Et pour passer ledict contract avec iceluy sieur Gervaise, les susdicts religieux ont depputé et donné pouvoir audict révérend prieur, le tout sous le bon plaisir et à la charge de faire agréer et ratifier au très révérend père provincial et vicaire général de nostre dict ordre. Ce faict, ledict chapitre a esté clos et arresté les jour et an susdicts.

(*Le Faubourg Saint-Cermain,* t. IV.)

Appendice 16.

RAPPORT du Ministre de la guerre au Directoire exécutif pour que le dépôt général de la guerre et de la géographie soit transféré de la place des Piques au Séminaire des Missions étrangères, rue du Bac.

Le dépôt général de la guerre, qui ne peut être placé que dans un local immense, est depuis longtemps à la place des Piques. La maison où il se trouve, qui était propriété nationale, a cessé de l'être et le Gouvernement est obligé d'en payer la location de 20,000 livres par an. Il est d'ailleurs absolument nécessaire de rapprocher cet établissement du centre de l'administration dont il fait partie intégrante.

La maison dite des Missions étrangères, située au coin des rues du Bac et de Babylone est seule propre à remplir ce but. Le Ministre de la guerre l'a depuis plus de six mois demandée au Ministère des Finances. Il l'a portée sur l'état des bâtiments conservés pour son département, qu'il a soumis au Directoire et que le Directoire a approuvé et renvoyé à la commission des dépenses. De toutes les maisons que le ministre a vendues, aucune ne peut remplacer celle-là. Différents obstacles et surtout la conduite indécente des locataires qui se sont toujours opposés à la levée du plan ont successivement empêché qu'elle ne fût définitivement mise à sa disposition. Aujourd'hui elle est soumissionnée, et le bureau des domaines nationaux prétend ne pouvoir surseoir à la vente sous prétexte qu'elle n'est pas dans le cas des exceptions prescrites par la loi. Pour lever ces difficultés, le ministre propose au Directoire le projet de message suivant :

Il observe que la loi du 4 ventôse exige qu'en demandant au corps législatif une exception qui rende un domaine quelconque non soumissionnable, on doit lui proposer l'état des changements à y faire et lui donner l'état estimatif des dépenses que ces changements entraînent, mais que la maison des Missions étrangères n'est pas dans ce cas, puisque sa distribution la rend propre telle qu'elle est à recevoir l'établissement auquel elle est destinée.

Après avoir examiné cette demande, le Directoire adressa au Conseil des Cinq-Cents un message conçu en ces termes :

Paris, le 7 thermidor an IV de la République Française une et indivisible.

Le Directoire exécutif formé au nombre des membres requis par l'article CXLII de la constitution, arrête qu'il sera fait au Conseil des Cinq-Cents un message dont la teneur suit :

Le Directoire exécutif au Conseil des Cinq-Cents,

Citoyens législateurs,

La maison dite des Missions étrangères, propriété nationale, située au coin des rues du Bac et de Babylone a depuis longtemps été demandée par le Ministre de la guerre pour recevoir le dépôt général de la guerre et de la géographie. Ce dépôt se trouve actuellement place Vendôme dans une maison dont le gouvernement paye la location sur le pied de 20.000 livres par an. Il est instant de le rapprocher du centre de l'administration dont il fait partie intégrante. La maison des Missions étrangères est seule propre à le contenir. Le Ministre de la Guerre, après s'être concerté avec celui des finances, a porté cette maison sur l'état des bâtiments réservés pour son département qu'il a soumis au Directoire et que le Directoire a approuvé et renvoyé à la commission des dépenses générales. Il devait vous être fait à ce sujet dès le mois de floréal, un message qui n'a été retardé que par l'opposition constante qu'ont mise les locataires de la maison à la levée du plan, prescrite par la loi du 4 ventôse, qui veut qu'en demandant au Corps législatif une exception qui rende un domaine national quelconque non soumissionnable, on lui présente l'état des changements et des dépenses à y faire, mais cette formalité ne peut être appliquée à la maison des Missions étrangères, puisqu'elle peut absolument, telle qu'elle est, recevoir l'établissement auquel elle est destinée.

Le Directeur vous propose en conséquence, citoyens législateurs, d'excepter cette maison des dispositions des lois des 4 et 28 ventôse et de l'attribuer au Ministre de la Guerre pour le service de son département.

Signé : Carnot, La Reveillière, Lepaux, Rewbell.

(Archives nationales.)

Le Conseil rejeta la proposition du Gouvernement et le Séminaire des Missions devint la propriété du citoyen Salmon.

LISTE

DES

Principaux Habitants de la Rue du Bac

AUX

XVIIe, XVIIIe ET XIXe SIÈCLES

LISTE

DES

Principaux Habitants de la Rue du Bac

AUX XVIIe, XVIIIe ET XIXe SIÈCLES

Qui n'ont pas été cités dans le cours de cet ouvrage.

1649. Lettres du Roy autorisant la demoiselle VINCENTY, cy-devant première femme de chambre de la deffunte Royne Marie de Médicis, à construire dans le faubourg Sainct-Germain des Prez, sur un terrain scis rue du Bac, tenant à la maison de Me Jean de Bellechasse, notaire au Chastellet, et au jardin de Me François Barbier, contrôleur en l'hostel de ceste ville de Paris; ladicte autorisation donnée nonobstant les deffences et prohibitions par nous faictes de bastir audict fauxbourg Sainct-Germain. . . . .
(*Le Faubourg Saint-Germain,* par Berty et Tisserand.)

(Ordonnance de Louis XIV, du 17 mai 1647, enregistrée au Parlement le 15 août 1649.)

1653. LES BÉNÉDICTINES DE L'ADORATION PERPÉTUELLE DU SAINT-SACREMENT. — Pendant les guerres qui troublèrent la Lorraine, sous Charles IV, les Bénédictines de la Conception de Notre-Dame de Rambervilliers, au diocèse de Toul, vinrent chercher un refuge à Saint-Mihiel, puis à l'abbaye de Montmartre, dirigée alors par Mme de Beauvilliers, enfin à Saint-Maur, dans une hospice qu'une dame charitable leur avait procuré. *En 1653, elles s'établirent dans une petite maison de la rue du Bac.* Un an après, protégées par la reine Anne d'Autriche, elles quittaient cette rue pour aller rue Férou, et ensuite rue Cassette. Elles s'appelaient alors Filles de l'Adoration perpétuelle du Très Saint Sacrement.

Ces religieuses demeurèrent rue Cassette jusqu'en 1790, époque à laquelle les bâtiments du couvent devinrent propriété nationale. Ils furent vendus le 27 prairial an IV (15 juin 1796) et démolis.

D'après Thierry « l'église de la rue Cassette était petite mais propre. Son plafond était orné de peintures qui, ainsi que les tableaux représentant saint Benoît et sainte Scholastique, étaient de Nicolas Montaigues. Les anges qui soutenaient le tabernacle étaient de l'Espingoba. »

Dans l'une des séances de la Société de l'Histoire de Paris, M. de Boislisle a signalé l'existence au musée de Bagnols (Gard) d'une inscription gravée sur plaque de plomb, de 38 sur 29 centimètres, inscription de laquelle il résulte que la première pierre du couvent de la rue Cassette fut posée le 27 mars de l'année 1666 (et non pas en 1659 et 1660 comme le disent la plupart des historiens) *par-tres-haute-tres-puissante-et-tres-excelente-princesse-Madame-Marguerite-de-Lorainne-duchesse-douairière-d'Orléans-veuve-de-tres-haut-tres-puissant-et-excelent-Prince-mon-Seigneur-Gaston-fils-de-France-oncle-du-Roy-Duc-d'Orléans-de-Valois-de-Chartres-d'Alençon-Comte-de-Blois-etc.*

1675. LES RELIGIEUSES DE NOTRE-DAME-DES-PRÉS. — Par un testament du 2 janvier 1629, Dame Henriette de Vieuville, veuve d'Antoine de Joyeuse, comte de Grandpré, avait fondé à Mouzon, en Champagne, un couvent de *Religieuses* dites *de Notre-Dame-des-Prés.* Cet établissement ayant été supprimé en 1671, en même temps que les fortifications de la ville près desquelles il se trouvait, ces religieuses vinrent s'établir, quatre ans après, rue du Bac. Cette installation n'était que provisoire, et en 1689 elles se transportaient rue de Vaugirard.

Jaillot, à qui nous empruntons ces détails, ajoute que différentes circonstances concoururent à diminuer les revenus de cette maison et qu'on fut obligé, en 1739, de transférer les dix religieuses qui s'y trouvaient alors dans d'autres monastères. Le décret de suppression fut rendu le 18 avril 1741.

1690. LES FRÈRES DES ÉCOLES CHRÉTIENNES. — Ils furent institués à Reims en 1679, par M. de la Salle, docteur en théologie et chanoine de cette cathédrale. Ce dernier vint à Paris en 1688 et les Frères qu'il avait amenés ouvrirent leur école dans la rue Princesse. « Je trouve, ajoute Jaillot, qu'il y avait une école de Frères rue du Bac en 1690, une autre en 1698 rue de Vaugirard, une autre rue de Sèvre... »

1692. POTIER DE NOVION, de l'Académie française, qui avait été jusqu'en septembre 1689 premier Président. Sa vénalité força le Roi de lui faire abandonner sa charge. (*Le Livre commode des adresses.*)

« A l'entrée de la rue de la Planche et de la rue du Bac, il y a une maison fort grande, dont l'apparence a de la beauté, cependant les dedans n'ont pas beaucoup de commoditez. Elle est du dessein de le Duc, qui a élevé des bâtiments où l'on remarque beaucoup d'art et de dessein. Cette grande maison appartient à André de Novion, Président à mortier, et depuis premier Président, chef d'une des plus anciennes et des plus illustres familles du Parlement. » (G. Brice.)

1692. PAJOT, administrateur ordinaire de l'hôpital général (aux Missions étrangères). (*Le Livre commode des adresses.*)

1692. MOREL, premier chirurgien de la Charité, recherché pour les consultations chirurgicales. (*Le Livre commode des adresses.*)

1692. Le Commandeur D'HAUTEFEUILLE (Étienne Texier), grand prieur d'Aquitaine et ambassadeur extraordinaire de la religion de Malthe en France. Il habitait, dans le haut de la rue du Bac, une des maisons neuves bâties par l'administration des Incurables. (*Le Livre commode des adresses.*)

1692. BÉNIGNE DE MEAUX DU FOUILLOUX, marquise D'ALLUYE, qui avait épousé, en 1667, le marquis d'Alluye, fils et frère de Ch. et de Fr. d'Escoubleau, marquis de Sourdis. (*Le Livre commode des adresses.*)

« C'était une femme qui n'était point méchante : qui n'avait d'intrigues que de galanterie, mais qui les aimait tant que jusqu'à sa mort elle était le rendez-vous et la confidente des galanteries de Paris, dont tous les matins les intéressés lui rendaient compte. Elle aimait le monde et le jeu passionnément, avait peu de bien et le réservait pour son jeu. Le matin, tout en discourant avec les galants qui lui contaient les nouvelles de la ville, ou les leurs, elle envoyait chercher une tranche de pâté ou de jambon, quelquefois un peu de salé ou des petits pâtés, et les mangeait. Le soir elle allait souper ou jouer où elle pouvait, rentrait à quatre heures du matin et a vécu de la sorte grasse et fraîche, sans nulle infirmité jusqu'à plus de 80 ans. . . . . » (Saint-Simon.)

1703. MAISON APPARTENANT AU COLLÈGE DE MONTAIGU. (Acte du 19 janvier 1703.)

« Sise quartier Saint-Germain des Prés, faisant l'encoignure des rues des Vieilles-Tuileries et du Bac, appelée la Bonne Vendange, consistant en un corps de logis appliqué, à cave et boutique ayant face sur les dites rues, sallette derrière, plusieurs chambres les unes sur les autres accompagnées de bouges ou cabinets, greniers au-dessus, escalier dans œuvre cour, puits en icelle, aisances et appartenances de la dite maison tenant d'une part à la place ci-après déclarée, par derrière à Abraham Harmant, maître charron, par devant et à côtésur les dites rues du Bac et des Vieilles-Thuilleries. Item, une place contenant 27 toises en superficie, savoir 3 toises plus ou moins sur le devant et autant sur le derrière, sur 8 toises de profondeur, sur laquelle place a été bâti un petit bâtiment qui tomba en ruine, tenant d'une part et d'un côté au nommé Boulard, maître potier de terre, d'un côté sur la dite maison, par derrière au dit Harmant et par devant sur ladite rue des Vieilles-Thuilleries. »

1704. DU GUÉ DE BAGNOLS, intendant très accrédité de Lille et conseiller d'État.

« C'étoit une bonne tête, débauché, fort au goût de tout ce qui avait servi en Flandres, par son esprit, sa bonne maison, sa grande chère et délicate, et le soin de plaire et d'obliger; d'excellente compagnie, toute sa vie du grand monde, avec beaucoup d'amis et considérables, fort proche du chancelier et des Louvois par sa femme, et fort porté par ce qui en restoit, très capable et supérieur à son emploi, où il avoit servi avec une grande utilité et distinction. » (Saint-Simon.)

1705. GUYET, maître des requêtes, puis intendant des finances. « Un sot et un impertinent pommé. » (Saint-Simon.)

1706. TICQUET, conseiller de la 4e chambre des enquêtes. (*Près les Jacobins.*)

« Ticquet, conseiller au Parlement et même de la grand'chambre, fut assassiné chez lui, et s'il n'en est pas mort, ce ne fut pas la faute du soldat aux gardes et de son portier, qui s'étaient chargés de l'exécution, et qui le laissèrent, le croyant mort, sur du bruit qu'ils entendirent. Ce conseiller, qui en tout était un fort pauvre homme, s'était allé plaindre l'année précédente au Roi, à Fontainebleau, de la conduite de sa femme avec Montgeorges, capitaine aux gardes fort estimé, à qui le Roi défendit de la plus voir. Cela donne du soupçon contre lui et contre la femme, qui était belle, galante, hardie et qui prit sur le haut ton ce qu'on en voulut dire. Une femme, fort de mes amies et des siennes, lui conseilla de prendre le large et lui offrit de quoi le faire, prétendant qu'en pareil cas on se défend mieux de loin que de près. L'effrontée s'en offensa contre elle et contre plusieurs autres amis, qui, avec les mêmes offres, lui donnèrent même conseil. En peu de jours la trace fut trouvée, le portier et le soldat reconnus par Ticquet, arrêtés et mis à la question, auparavant laquelle Mme Ticquet fut assez folle pour s'être laissé arrêter, et n'être pas déjà en pays de sauveté. Elle eut beau nier, elle eût aussi la question et avoue tout. Montgeorges avait des amis, qui le servirent si bien qu'il ne fut aucune mention juridique de lui. La femme condamnée à perdre la tête, et ses complices à être roués, Ticquet vint avec sa famille pour se jeter aux pieds du Roi et demander sa grâce. Le Roi lui fit dire de ne pas se présenter devant lui, et l'exécution fut faite à la grève, le mercredi 17 juin (1699) après midi. Toutes les fenêtres de l'Hôtel de Ville, toutes celles de la place et des rues qui y conduisent, depuis la conciergerie du Palais, où elle était, furent remplies de spectateurs, hommes et femmes et de beaucoup de nom, et de plusieurs de distinction. Il y eut même des amis et des amies de cette malheureuse qui n'eurent pas honte et horreur d'y aller. Dans les rues la foule était à ne pouvoir passer. En général, on en avait pitié et on souhaitait sa grâce, et c'était avec cela à qui l'irait voir mourir. Et voilà le monde, si peu raisonnable et si peu d'accord avec soi-même. » (Saint-Simon.)

1706. VOISIN DE SAINT-PAUL, président de la première chambre des requestes du palais. (*Près le pont Royal.*)

1708. DURET, président au grand conseil. « C'est, sans doute, Duret de Chevry, dont la fille épousa M. de Noirmoustiers, fils du marquis de Noirmoustiers, qui intrigua tant dans les troubles de la minorité et de la jeunesse du Roi, et qui en tira un brevet de duc avec le gouvernement du Mont-Olympe. » (Saint-Simon.)

1708. GLUCQ DE FREVAL, conseiller au Châtelet.

1711. Le duc D'ALBE, ambassadeur de Philippe V, Roi d'Espagne (1). Saint-Simon, qui en parle à plusieurs reprises dans ses mémoires et dans des termes très élogieux, raconte le fait suivant, très original, touchant le père de cet ambassadeur.

« Il entretenait, dit-il, une maîtresse, qui, lasse de lui, avoit pris la fuite ; il en fut au désespoir, la fit chercher par toute l'Espagne, fit dire des messes et d'autres dévotions pour la retrouver, tant la religion des pays d'inquisition est éclairée, et finalement fit vœu de demeurer au lit, et sans bouger de dessus le côté droit, jusqu'à ce qu'elle fut retrouvée. » Saint-Simon ne dit pas combien de temps il resta dans cette position un peu gênante !

1713. CHARNEL, conseiller maistre à la chambre des comptes. (*Près le pont Royal.*)

1715. DU MONT, sculpteur, de l'Académie royale de peinture et de sculpture. (*Proche la rue de Grenelle.*) « Né à Paris en 1688, mort à Lille le 14 décembre 1726, des suites d'une chute qu'il fit en posant le mausolée du duc de Melun, fils du prince d'Épinoy, dans l'église des Dominicains de cette ville. Il fut enterré dans la chapelle où était placé ce mausolée. Il épousa Anne Coypel, sœur d'Antoine Coypel, premier peintre du Roi. François Dumont fut reçu académicien le 24 septembre 1712, son œuvre de réception était une figure en marbre représentant un Titan foudroyé, qui est au musée du Louvre. On cite parmi ses œuvres les plus remarquables un *monument consacré à la mémoire*

1. « Plus avant est une grande maison qui fait le coin de la rue du Bac, autrefois occupée par le duc d'Albe, ambassadeur de Philippe V, roi d'Espagne, qui y est mort en 1711. Les appartemens en sont vastes, mais peu ornez et tournez fort irrégulièrement. » (G. Brice.)

de Mademoiselle Bonnier, à Montpellier. On voit aujourd'hui à Saint-Sulpice quatre statues en pierre de cet artiste; elles y furent placées en 1725 et représentent saint Jean, saint Joseph, saint Pierre et saint Paul. A l'extérieur de la même église, deux groupes d'enfants sont également de lui; l'un porte une croix, l'autre une crosse. » (Hœfer.)

1717. Le Marquis DE JEOFFREVILLE, lieutenant général. Il mourut en 1721. « C'était un honnête homme et sage. » (Saint-Simon.)

1717. BAGET, anatomiste. (*Derrière l'Hôtel des Mousquetaires.*) « On ignore la date de sa mort. On a de lui : *Ostéologie*, premier traité dans lequel on considère chaque os par rapport aux parties qui le composent. *Paris, 1731, in-12*. Portal estimait beaucoup cet ouvrage comme le résultat de longues expériences. — *Myologie, Amsterdam, 1736, in-8°*. — *Elementa physiologiæ juxta selectoria experimenta*. Genève, 1749, in-8°. — *Lettre pour la défense et la conservation des parties les plus essentielles à l'homme et à l'état. Genève, 1758.* — *Réflexions sur un livre intitulé :* Observations sur les maladies de l'urètre. *Paris, 1750.* » (Hœfer.)

1719. Le Prince DE ROBECQ, fils cadet de Ph. Marie, prince de Robecq; il mourut à Briançon en 1691. Connu tout d'abord sous le nom de *Comte d'Estaires*, il succéda aux biens et à la grandesse de son frère en 1716, date de la mort de ce dernier. « Le duc de Noailles l'envoya porter la nouvelle de la réduction de Girone, où il s'était signalé, au Roi d'Espagne à Saragosse, en 1711, qui lui donna la Toison d'Or. » (Saint-Simon). Il fut lieutenant général et épousa, en 1722, Cath. du Bellay.

1723. Le Marquis DE BRANCAS, conseiller d'État, chevalier du Saint-Esprit et de la Toison, lieutenant général de Provence, gouverneur de Nantes, grand d'Espagne et maréchal de France. Et cela ne lui suffisait pas! « Il se mouroit de douleur, ajoute Saint-Simon, de n'être pas ministre d'État, duc et pair, et gouverneur de Monseigneur le Dauphin. » Il mourut en 1750, à l'âge de 79 ans.

1727. Messire Michel-Charles AMELOT DE GOURNAY, président à la cour de parlement. (*Près la rue de Varenne.*)

1727. LOYSEAU, chirurgien ordinaire du duc d'Orléans. (*Près la rue Saint-Dominique.*)

1728. ADHENET, architecte expert, juré du Roi. (*Près les Filles Sainte-Marie.*)

1730. Le Comte D'AUBETERRE.

1730. Le Duc D'HARCOURT.

1730. DE LA SÔNE, médecin du Roy, servant par quartiers.

1731. Le Duc DE COISLIN, évêque de Metz. « C'étoit un petit homme court et gros, singulier au dernier point, d'une figure comique et de propos à l'avenant, et souvent fort indiscrets, mêlé pourtant avec la meilleure compagnie de la cour, qu'il divertissoit en se divertissant le premier; avec cela dangereux et malin, et un fort médiocre prêtre. » (Saint-Simon.) Il mourut en 1732. Ce fut lui qui légua à l'abbaye de Saint-Germain des Prés la célèbre bibliothèque du chancelier Séguier, dont il avait hérité et qu'il avait enrichie d'une infinité de livres précieux.

1732. CLIGNY DU BREUIL, scelleur de la Grande Chancellerie. (*Au haut de la rue du Bac.*)

1732. GENIN, médecin ordinaire du Duc d'Orléans.

1734. D'HARIAGUE, premier conseiller de la maison et Finances du Duc d'Orléans.

1734. Madame la Comtesse DE VINTIMILLE. — « Haut et puissant seigneur « LOUIS DE MONTESQUIOU D'ARTAGNAN, comte de Montesquiou, maréchal « des camps et armées du Roy, sous-lieutenant de la première compagnie « des mousquetaires, reconnoît être propriétaire d'une maison scize à Paris, « rue du Bac, occupée par Mme la comtesse de Vintimille, appartenant au « dit seigneur comme l'ayant acquis de Me Joseph Bellet, abbé commenda- « taire de l'abbaye de Nostre-Dame d'Issoudun, le 28 avril 1731. En la « censive de l'abbaye de Sainct-Germain des Prez. — 24 décembre 1834. » (*Le Faubourg Saint-Germain.*)

1737. DE GROUCHY DE MENEUIL, secrétaire général, directeur de l'hôpital général.

1737. Le Duc DE ROCHECHOUART, membre du Parlement. (*Vis à vis de la Visitation.*)

1739. Le Marquis DE NANGIS, maréchal de France. (*Près les Missions étrangères.*)

« Nangis, que nous voyons aujourd'hui un fort plat maréchal de France, était alors la fleur des pois : un visage gracieux sans rien de rare, bien fait sans rien de merveilleux, élevé dans l'intrigue et dans la galanterie par la maréchale de Rochefort, sa grand'mère, et Mme de Blansac, sa mère, qui y étoient des maîtresses passées. Produit tout jeune par elles dans le grand monde, dont elles étoient une espèce de centre, il n'avoit d'esprit que celui de plaire aux dames, de parler leurs langages, et de s'assurer les plus désirables par une discrétion qui n'étoit pas de son âge et qui n'étoit plus de son siècle. » (Saint-Simon.)

1739. PETIT, chirurgien-major dans les gardes du corps du Roy. (*A l'Hôtel d'Harcourt.*)

1740. LE MAISTRE DU MARAIS, un des secrétaires du Roy.

1742. Le Duc DE BOUTTEVILLE, duc héréditaire.

1742. Le Baron de CHAMBRIER, ministre plénipotentiaire du Roy de Prusse. (*Près le pont Royal.*)

1742. Le Comte DE CEREST-BRANCAS, frère du Marquis de Brancas, qui accompagna Saint-Simon dans son voyage en Espagne. Conseiller d'État ordinaire. (*Près les Missions étrangères.*)

1742. COMMYNET DE LA BORDE, trésorier de France.

1742. BOYER, docteur régent de la Faculté de Médecine de l'Université de Paris. (*Près les Jacobins.*) Né à Marseille le 5 août 1693, mort le 2 avril 1768. Il s'occupait particulièrement du traitement des maladies épidémiques et contagieuses. On a de lui un grand nombre d'ouvrages.

1743. Le Duc DE CHATELLERAULT, duc héréditaire. (*Près les Missions étrangères.*)

1745. Le Duc DE PICQUIGNY, capitaine lieutenant des chevaux légers de la garde du Roy, membre honoraire de l'Académie des sciences. (*Près les Missions étrangères.*)

1746. Le Marquis DE VILLEMUR.

1746. Le Prince DE CHALAIS, grand d'Espagne « l'homme à tout faire de la princesse des Ursins ». (Saint-Simon.) (*Près la rue de Varenne.*)

1746. Le Baron DE BERNSTORFF, envoyé extraordinaire du Roy de Danemarck. (*Rue de Bourbon, au coin de la rue du Bac.*) Mort le 21 janvier 1797. « La mort de cet homme d'État éclairé fut considérée comme un malheur public. » (Hœfer.)

1748. Le Comte DE GUERCHY, inspecteur général d'infanterie. Né en 1715, mort en 1767, à Paris. A la bataille de Fontenoy, il chargea trois fois, à la tête de son régiment, la colonne anglaise. Après la paix de 1763, il fut envoyé à Londres comme ambassadeur.

1750. Le Cardinal DE LA ROCHEFOUCAULD, mort le 29 avril 1757. Il présida les assemblées du clergé en 1750 et 1755. (*Près la rue Jacob.*)

1750. DANGA, secrétaire général des Maréchaux de France. (*Près le pont Royal.*)

1750. SORBET, chirurgien-major des mousquetaires de la Garde du Roy (1re Cie). (*Vis à vis les Mousquetaires.*)

1750. DAVIEL, chirurgien oculiste du Roy, né en 1696, mort en 1762. Ce fut lui qui, le premier, pratiqua la cataracte par extraction, en 1746.

1755. Le Marquis d'ARMENTIÈRES. (*Près les Missions étrangères.*)

1755. Le Marquis DE SASSENAGE. (*Près la rue de Varenne.*)

1756. L'ÉVÊQUE D'ÉVREUX. (*Vis à vis les Récollettes.*)

1758. M. L'ESTEVENON DE BERKENROODE, ambassadeur des États-Généraux des Provinces-unies.

1758. DAINE, conseiller au Grand Conseil. (*Au coin de la rue de l'Université.*)

1759. DE CLERMONT-TONNERRE, maréchal de France. (*Rue de Grenelle, au coin de la rue du Bac.*) Né en 1688; mort en 1781. En qualité de doyen des maréchaux, il représenta le Connétable au sacre de Louis XVI.

1759. Le Marquis DE POYANNE, inspecteur général de la cavalerie et des dragons. (*Près les Missions étrangères.*)

1759. AUBERT DE TOURNY, conseiller d'État ordinaire. (*Près les Récollettes.*)

1760. Le Général FONTENAY, envoyé extraordinaire du Roy de Pologne, électeur de Saxe. (*Rue de l'Université, au coin de la rue du Bac.*)

1760. DUBOIS, médecin du Duc d'Orléans. (*Près la fontaine de Grenelle.*)

1762. Le Comte DE CRUQUEMBOURG, ministre plénipotentiaire de l'Électeur Palatin. (*Au coin de la rue de Verneuil.*)

1762. L'Abbé SALEMA, chargé des affaires du Portugal.

1762. Le Prince DE TINGRY, lieutenant-général des armées du Roy.

1764. Le Prince DE CHIMAY, grand d'Espagne. (*Rue de Grenelle, au coin de la rue du Bac.*)

1764. LEFEBVRE D'AMMECOURT, conseiller à la troisième chambre des enquestes. (*Rue de l'Université, au coin de la rue du Bac.*)

1765. D'ARCET, professeur de chirurgie à la Faculté de médecine. (*Près la Visitation.*) Né en 1725, mort en 1801. Il professa la chimie au collège de France et devint, dans la suite, directeur de la manufacture de Sèvres.

1767. L'ARCHEVÊQUE DE NARBONNE. (*Près la rue de Varenne.*)

1767. ABOT DE BAZINGHEN, conseiller à la Cour des monnaies. (*Vis à vis les Filles Sainte-Marie.*) Numismate. Né à Boulogne-sur-Mer le 17 juillet 1710, mort en 1791. Il fut pendant trente ans conseiller à la Cour des Monnaies. On a de lui un traité des monnaies et de la juridiction de la Cour des monnaies, en forme de dictionnaire. Paris, 1764, 2 vol. in-4°; *une table des monnaies courantes dans les quatre parties du monde, 1776, in-16,* et d'autres ouvrages. (Hœfer.)

1767. BACHOIS DE VILLEFORT, conseiller à la Cour des monnaies. (*Vis à vis les Filles Sainte-Marie.*)

1768. Le Duc DE FITZ-JAMES. (*Au coin de la rue du Bac.*)

1768. LA CASSAIGNE, docteur régent de la Faculté de Médecine.

1769. Messire Charles-François-Hyacinthe ESMANGARD, maître des requestes au Grand Conseil. (*Au coin de la rue Saint-Dominique.*)

1772. CHALGRIN, secrétaire des Finances du Comte de Provence. (*Près la rue Saint-Dominique.*)

1772. MARMONTEL, membre de l'Académie française (*Près le pont Royal.*)

1772. DE LA NAUZE, de la Société royale de Londres, académicien pensionnaire de l'Académie Royale des Belles-Lettres. Né le 27 mars 1696, à Villeneuve-d'Agen. Mort le 2 mai 1773. On a de lui plusieurs ouvrages.

1775. DE NICOLAY, maréchal de France. (*Près les Convalescents.*)

1777. Le Baron DE GOLTZ, ministre plénipotentiaire du Roi de Prusse. (*Près l'hôtel de la Vallière.*) Né vers 1730; mort le 6 février 1795. Ce fut Frédéric II qui lui confia, en 1772, le poste de ministre plénipotentiaire auprès du Cabinet de Versailles. Il resta à Paris jusqu'en 1792. (Hœfer.)

1777. DE SAINT-ABEL, trésorier du Marc d'Or.

1777. CAMUS DE LA GUIBOURGÈRE, conseiller à la première chambre des enquestes. (*Près les Convalescents.*)

1779. Le Marquis D'OSSUN, grand d'Espagne.

1784. LE PELETER DE BEAUPRÉ, conseiller d'État ordinaire et au Conseil Royal de Commerce.

1784. LE GRAIN, secrétaire de M. le Grand Prévôt de l'hôtel du Roi, chargé du détail des privilégiés.

1785. Le Comte DE PRASLIN, duc et pair. (*Près la rue de Varenne.*)

1785. Le Baron DE STAEL DE HOLSTEIN, ambassadeur extraordinaire du roi de Suède. (*Près la rue de Grenelle.*)

1785. Le Comte DE SAULX-TAVANNES, duc et pair. (*Près les Missions.*) Charles

Casimir de Saulx, comte de Tavannes, chevalier d'honneur de la Reine, brigadier des armées du Roi.

L'hôtel dans lequel habitait le comte de Saulx-Tavannes appartenait au Séminaire des Missions.

1785. Le Comte DE DAMAS DE CRUZ.

1785. PAJOT DE MARCHEVAL, conseiller d'État au département des Finances, pour le contentieux des postes et messageries. (*Près la rue de Verneuil.*)

1785. ROSE D'ÉPINOY, docteur régent de la Faculté de Médecine. (*Au coin de la rue de l'Université.*)

1788. AUVITY, chirurgien des Enfants trouvés. (*Vis à vis les Dames de Sainte-Marie.*) Mort en 1821. Il fut membre de l'ancienne Académie de chirurgie. On a de lui : *Mémoire sur la maladie aphteuse des nouveau-nés et un mémoire sur l'endurcissement du tissu cellulaire.*

1788. DE CLERMONT-TONNERRE, Évêque, comte de Châlons (duc et pair). (*Vis à vis les Convalescents, dans un hôtel qui appartenait aux Missions.*) Né à Paris le 1er janvier 1749, mort à Toulouse le 21 février 1830. Elu député aux États-Généraux, il prit part à l'exposition des principes. En 1814, il fut appelé à la paierie; en 1817 à l'évêché de Châlons, qui pourtant ne fut pas rétabli. En 1820, il fut nommé à l'archevêché de Toulouse et, en décembre 1822, il reçut la pourpre romaine. (Hœfer.)

1789. Le Marquis DE CASTELLANE.

1789. L'Abbé HESSE, vicaire général de Bourges, lecteur de Madame, garde des rôles et secrétaire de la Chancellerie.

1789. CORNETTE, docteur en médecine en l'Université de Montpellier, membre de l'Académie royale des sciences, premier médecin ordinaire de Mesdames. (*Aux Tuileries, appartement de M. Lassonne, à Paris, rue du Bacq et en cour.*) Né à Besançon le 1er mars 1744, mort à Rome le 11 mai 1794. Il s'appliqua spécialement à la chimie. Nommé médecin des tantes de Louis XVI, il les accompagna dans leur émigration. (Hœfer.)

1790. DE TALLEYRAND-PÉRIGORD, duc et pair, archevêque. (*Quai d'Orsay, au coin de la rue du Bac.*)

Nota. — C'est à partir de ce moment qu'apparaît le numérotage des maisons; mais « la concordance du numérotage moderne des maisons avec le numérotage révolutionnaire est un des problèmes qui paralysent le plus souvent les recherches de l'archéologue parisien. On sait en effet que la Commune de Paris avait institué le plus étrange système de numérotage qu'on pût imaginer. Dans chaque district une seule série de numéros partait d'un point quelconque, d'un édifice par exemple, et se développait le long des rues ou portions de rues pour revenir au point de départ sans franchir les limites de la circonscription administrative. Or, comme de nombreuses rues traversaient le territoire de plusieurs sections différentes, des numéros appartenant à des séries diverses et sans rapport entr'eux se trouvaient juxtaposés dans la même voie publique. Le même numéro s'y répétait plusieurs fois, l'ordre arithmétique montait par un tronçon ou un côté de la rue et descendait par l'autre. Quoiqu'on eût essayé de distinguer les diverses séries de numéros par des couleurs différentes, la confusion devint incroyable, et aujourd'hui toute recherche dans ce dédale où manque le fil conducteur est très difficile. » (*Bulletin de la Société de l'Histoire de Paris,* IIIe liv., p. 91, 1880. — Voir aussi un article sur le numérotage des maisons de Paris, dans le même *Bulletin,* 5e livraison, p. 138, 1878.

1792. CAILHASON, président du département, député de la Haute-Garonne. (*Hôtel National, rue du Bac.*)

1792. DEVARAIGNE, ingénieur des Ponts et Chaussées, à Langres, député de l'Ain. (*Hôtel national, rue du Bac.*)

1792. LOBJOY (n° 510), maire de Colligis, district de Laon, député de l'Aisne (1791). Né en 1743, mort en 1807. En 1797, il fut nommé au Conseil des Anciens, dont il devint le secrétaire. Il passa au Corps législatif, après le coup d'Etat du 18 brumaire, et le présida en 1802.

1792. DE MONTMORENCY, gouverneur de la maison Royale de Compiègne.

1793. BALLAND, député des Vosges à la Convention Nationale (n° 999).

1793. BASSAL, député de Seine-et-Oise à la Convention Nationale (n° 402). Prêtre diplomate. Né en 1752, mort en 1802. Il se fit remarquer par son enthousiasme au commencement de la Révolution; devint, en 1790, curé constitutionnel de Saint-Louis à Versailles. Il vota la mort de Louis XVI. Après la session conventionnelle, il devint le secrétaire de Championnet et le suivit en Italie. L'année suivante, il fut traduit devant une commission militaire, comme dilapideur des deniers publics. Il fut sauvé par la chute de Merlin, Treilhard et Larévellière-Lépeaux.

1793. BLONDEL, député des Ardennes à la Convention Nationale (n° 1071).

1793. CLAVERIE, député du Lot-et-Garonne à la Convention Nationale (n° 10).

1793. DUBOULOZ, député du Mont-Blanc à la Convention Nationale (n° 408).

1793. DUHEM, député du Nord à la Convention Nationale (n° 108). Né à Lille en 1760, mort à Mayence en 1807. Il fut d'abord médecin à Lille. Il vota la mort de Louis XVI et devint, dans la suite, un Dantoniste farouche. Dénoncé pour avoir entretenu des correspondances avec les Jacobins du midi, il fut décrété d'accusation, conduit à Ham, puis à Sedan. Il en sortit à la suite du 4 brumaire an IV, et obtint la place de médecin en chef de l'hôpital de Mayence.

1793. HAUSSMANN, député de Seine-et-Oise à la Convention Nationale (n° 402).

1793. LECOINTRE, député de Seine-et-Oise à la Convention Nationale (n° 402). Né à Versailles en 1750, mort en 1805. Il était marchand de toile à Versailles, lorsqu'éclata la Révolution. Il vota la mort de Louis XVI, sans appel. Lorsqu'après l'organisation du gouvernement consulaire, des registres furent ouverts pour l'acceptation de la nouvelle constitution, Lecointre fut le seul habitant de Versailles qui écrivit : *non.*

1793. LESAGE-SENAULT, député du Nord à la Convention Nationale. (n° 1083). Né à Lille et mort en 1823. Il vota la mort de Louis XVI. Il était violent et passionné aussi bien dans ses discours que dans ses actions. Il fut membre du Comité de Sûreté générale et membre du Conseil des Cinq-Cents.

1793. RENAUDIN, lieutenant à la 1re compagnie de gendarmerie nationale faisant le service près les tribunaux et chargée de la garde des prisons de Paris (il y avait deux compagnies *ad hoc*). (*A la Maison des anciens Mousquetaires.*)

1793. MAGENDIE, chirurgien. Un des cent quarante-quatre citoyens élus par les vingt-huit sections pour composer le Conseil général, le Corps et le Bureau municipal de la Ville de Paris.

1793. HEUSSÉ, fabricant de chocolat, l'un des administrateurs de police de la Commune de Paris (n° 1083).

1793. CHAPPÉE, commandant en chef de la 3e légion de la force armée de Paris. (*Fontaine de Grenelle.*) (n° 1090).

1794. BERLIER, député de la Côte-d'Or à la Convention Nationale (n° 461). Jurisconsulte. Né à Dijon en 1761, mort vers 1840. Vota la mort de Louis XVI. Après le 18 brumaire, il fut nommé Conseiller d'État, puis comte de l'Empire. On a de lui : *Précis historique de l'ancienne Gaule.*

1794. DELEAGE, député de l'Allier à la Convention Nationale (n° 843).

1794. MERLIN DE DOUAI, député du Nord à la Convention Nationale (n° 250). Philippe Antoine, comte Merlin, dit Merlin de Douai, célèbre conventionnel montagnard, un de nos plus éminents jurisconsultes. Né en 1754, mort en 1838.

1794. PAGANEL, député du Lot-et-Garonne à la Convention Nationale (n° 10). Né en 1745, mort en 1826. Il fut successivement prêtre, professeur au Collège de France, député en 1793, secrétaire général aux affaires étrangères et chef de division à la chancellerie de la Légion d'honneur. Il vota la mort de Louis XVI, sans appel, mais avec sursis.

1794. PORTIEZ, député de l'Oise à la Convention Nationale (n° 253).

1795. DALPHONSE. Né en 1756, mort en 1821. Député au Conseil des Anciens (1795). En 1810, il fut appelé à l'intendance de la Hollande, puis créé maître des requêtes en 1811. En 1814, il adhéra à la déchéance de Napoléon. En 1819, il fut envoyé à la Chambre des Députés par le collège de Moulins et prit place dans les rangs de l'opposition.

1795. DESBOURGES, membre du Conseil des Anciens (n° 1089).

1795. DENTZEL, membre du Conseil des Anciens (n° 266). Général français, né à Turkheim le 25 juillet 1755, mort vers 1820. Après avoir séjourné en Amérique, il devint pasteur de l'église luthérienne de Landau jusqu'à la Révolution. Fut élu membre de la Convention. Il fit la campagne de l'Empire en qualité d'officier supérieur d'état-major. En 1813 il fut nommé général et baron. (Hœfer.)

1795. GRISON, membre du Conseil des Anciens (n° 560).

1795. MARAGON, membre du Conseil des Anciens (n° 11).

1795. MUSSET, membre du Conseil des Anciens (n° 557).

1795. BONNET, membre du Conseil des Cinq-Cents (n° 405).

1795. DUBRUEL, membre du Conseil des Cinq-Cents (n° 628). Né vers 1765, mort en 1828. Il était juge à Rignac en 1789. Au Conseil des Cinq-Cents, il ne cessa de réclamer des mesures d'humanité envers les émigrés et les prêtres. Vers 1813, il fut nommé proviseur du Lycée de Marseille, puis, quelque temps après, de celui de Versailles.

1795. LAURENCE, membre du Conseil des Cinq-Cents (n° 652).

1795. OBELIN, membre du Conseil des Cinq-Cents (n° 628).

1796. BALLARD, membre du Conseil des Anciens (n° 554).

1796. DECOMBEROUSSE, membre du Conseil des Anciens (n° 149). Né en 1754, mort à Paris le 13 mars 1841. Élu en 1792 député suppléant à la Convention nationale et membre du Directoire du département de l'Isère, il fut bientôt destitué de la seconde de ces fonctions comme modéré. Devint plus tard le secrétaire et le président du Conseil des Anciens. On a de lui plusieurs ouvrages.

1796. DESCOURTILS, membre du Conseil des Anciens (n° 844).

1796. GIROD-POUZOL, membre du Conseil des Anciens (n° 613). Né en 1753, mort en 1839. Il fut tout d'abord nommé, par Louis XVI, maire perpétuel de Nantua, sa ville natale. Puis il devint conseiller à la Cour des comptes en 1807 et député en 1818. Il reçut le titre de baron en 1809.

1796. LACHAU, membre du Conseil des Anciens (n° 618).

1796. TROTIANE, membre du Conseil des Anciens (n° 467).

1796. BERTHOT, membre du Conseil des Cinq-Cents (n° 469). Né en 1758, mort en 1832. On a de lui, en collaboration avec Lombard : *Histoire de la Révolution et de l'établissement d'une constitution en France par deux amis de la vérité* (*18 vol. in-18. Paris, 1792-1804.*)

1796. BLAD, membre du Conseil des Cinq-Cents. (*Chez le traiteur, près le pont.*)

1796. BONTOUX, membre du Conseil des Cinq-Cents (n° 618).

1796. CORBIÈRE, membre du Conseil des Cinq-Cents (n° 406).

1796. DELACARRIÈRE, membre du Conseil des Cinq-Cents (n° 266).

1796. DESCORDES, membre du Conseil des Cinq-Cents (n° 264).

1796. GONDELAIN, membre du Conseil des Cinq-Cents (n° 621).

1796. LEMOINE, membre du Conseil des Cinq-Cents (n° 1066).

1796. SALGUES, membre du Conseil des Cinq-Cents. (*Près le pont, maison du traiteur.*)

1796. SEGUIN, membre du Conseil des Cinq-Cents (n° 250).

1796. SOUBRAUDEY, député de Milan (n° 555).

1797. BARROT, membre du Conseil des Anciens (n° 149). Père d'Odilon Barrot. Mourut le 19 novembre 1845. Il vota contre la mort de Louis XVI.

1797. CLAVIER, membre du Conseil des Anciens (n° 843).

1797. DELACOSTE, membre du Conseil des Anciens (n° 264).

1797. JEVARDAT-FOMBELLE, membre du Conseil des Anciens (n° 249).

1797. MOULLAND, membre du Conseil des Anciens (n° 624).

1797. MUSARD, membre du Conseil des Anciens (n° 406).

1798. LE CERCLE CONSTITUTIONNEL DE LA RUE DU BAC, qui fut supprimé par un arrêté du Directoire du 15 ventôse an XII.

« Le Directoire exécutif informé que, sous le nom de *Cercle constitutionnel,* il se tient, *rue du Bac, à Paris,* un club dans lequel on a manifestement « professé des principes contraires à la Constitution de l'an III;

« Considérant que s'il importe, pour les progrès de la liberté et des « lumières, de maintenir les réunions qui, en s'occupant d'objets politiques, « ne tendent qu'à fortifier l'esprit public, et à rallier tous les citoyens « au gouvernement républicain, il n'est pas moins nécessaire d'arrêter les

« funestes effets que produisent celles de ces réunions où l'on tendrait au « renversement de la Constitution, au bouleversement de la République, et « où l'on éloignerait les citoyens du gouvernement républicain, en égarant « les uns et en frappant les autres de crainte,

« Arrête, en vertu de l'article 37 de la loi du 19 fructidor, que le club qui « se rassemble rue du Bac, à Paris, sera fermé. » (*Moniteur universel.*)

1799. ASSELIN, membre du Conseil des Cinq-Cents (nº 25).

1799. BOILLEAU, membre du Conseil des Cinq-Cents (nº 843). Mort sur l'échafaud (octobre 1793).

1799. BOISVERD, membre du Conseil des Cinq-Cents (nº 1066).

1799. CHABERT, membre du Conseil des Cinq-Cents (nº 1066). Général français. Né à Villefranche en 1758, mort en 1830. Il commandait l'avant-garde à la malheureuse affaire de Baylem, où il eut deux chevaux tués sous lui. Il fut choisi avec le général Marescot, par le conseil de guerre, pour traiter de cette capitulation. A son retour en France, il fut enfermé à l'Abbaye et destitué. En 1814, opposé aux généraux royalistes Gardame et Loverdo, il arrêta leurs progrès dans les Hautes-Alpes et fut nommé lieutenant-général par Napoléon. (Hœfer.)

1799. CHAZAL, membre du Conseil des Cinq-Cents (nº 639). Né en 1766, mort en 1840. Avocat de Toulouse au commencement de la Révolution. Il vota la mort de Louis XVI. Membre du Comité du Salut public. Au Conseil des Cinq-Cents, il s'associa à la politique de Sieyès et contribua au coup d'État du 18 fructidor, an V. Dans la journée du 19 brumaire, il remplaça le président Lucien Bonaparte au fauteuil. En 1802, il fut appelé à la préfecture des Hautes-Pyrénées. Destitué en 1814, remis en fonctions au retour de l'Empereur, il fut destitué de nouveau après sa chute définitive.

1799. DELABUISSE, membre du Conseil des Cinq-Cents (nº 610).

1799. GUYNOT-BOISMENCE, membre du Conseil des Cinq-Cents (nº 1145).

1799. LAUMOND, membre du Conseil des Cinq-Cents (nº 638).

1799. LAURENCEAU, membre du Conseil des Cinq-Cents (nº 469).

1799. PERRIN, membre du Conseil des Cinq-Cents (nº 249).

1799. POLLART, membre du Conseil des Cinq-Cents (nº 248).

1799. PRESSAVIN, membre du Conseil des Cinq-Cents.

1799. RICHOND, membre du Conseil des Cinq-Cents.

1799. GINTRAC, membre du Conseil des Anciens (nº 408).

1799. LAHARY, membre du Conseil des Anciens (nº 610).

1799. MOREAU, membre du Conseil des Anciens (maison Billiotte).

1799. THIERRY, membre du Conseil des Anciens (nº 939).

1799. CHAZAULD, membre du Conseil des Cinq-Cents (nº 843).

1800. DESSAIX, membre du Conseil des Cinq-Cents (nº 554).

1800. DÉZÉ, membre du Conseil des Cinq-Cents (nº 554).

1800. DIGAULTRAY, membre du Conseil des Cinq-Cents nº 560).

1800. GOURLAY, membre du Conseil des Cinq-Cents (nº 402).

1800. LABBÉ, membre du Conseil des Cinq-Cents (nº 560).

1800. LODIN-LALAIRE, membre du Conseil des Cinq-Cents (nº 557).

1800. MATHIEU, membre du Conseil des Cinq-Cents (nº 558). En 1893, Mathieu et Treilhard furent envoyés dans les départements soulevés comme délégués de la Convention. A Bordeaux où l'insurrection était permanente et énergique, ils furent gardés à vue et invités à sortir du département dans le plus bref délai. Mais « trouvant moins de résistance et pouvant mieux se faire entendre « dans les départements de la Dordogne, de la Vienne, de Lot-et-Garonne, ils « parvinrent à calmer les esprits et réussirent par leur caractère conciliateur « à empêcher des mesures hostiles et à gagner du temps dans l'intérêt de la « Convention ». (Thiers, *Histoire de la Révolution.*)

1800. POUTERIE-ESCAUT, membre du Conseil des Cinq-Cents (nº 1083).

1800. BARSOT, membre du Corps législatif (nº 149).

1800. BAZOCHE, membre du Corps législatif, mort le 29 octobre 1817. Il vota la mort de Louis XVI (nº 266).

1800. BERGIER, membre du Corps législatif. On a de lui plusieurs ouvrages concernant la police (nº 941).

1800. DESFRENAUDES, membre du Tribunat (nº 471).

1800. FAVARD DE LANGLADE, membre du Tribunat, puis président. Le Tribunat ayant été supprimé en 1807, il devint membre du Corps législatif. On a de lui plusieurs ouvrages. Il mourut en 1831. (nº 940).

1812. Le Chevalier BRUYÈRE, maître des requêtes, chargé spécialement de la direction des travaux publics du département de la Seine (nº 88).

1814. M. BOYER, député (nº 39).

1814. M. POUGENS, membre de l'Institut (nº 18). Né en 1755, mort en 1833. Ruiné par la Révolution, il se fit libraire et imprimeur. Il a publié de nombreux ouvrages.

1814. M. RIVAS, député (nº 37).

1816. M. Ch. BERNARD, député (nº 86).

1816. M. LAVAL aîné, député (nº 17).

1817. M. FOURNIER DE CLAUZELLES, député (nº 35).

1818. M. BAUCHÈNE, médecin consultant du Roi (nº 31).

1818. M. le Comte DE CHALUS (nº 136).

1818. M. le Baron DUNOCHETAIN (nº 27).

1818. M. le Marquis DUSSAILLANT (nº 27).

1819. M. AVOINE DE CHANTEREYNE, député (nº 12).

1819. M. le Marquis D'ARGENTEUIL (nº 58).

1819. M. BARBIER, administrateur des bibliothèques particulières du Roi et bibliothécaire du Conseil d'État (nº 32).

1819. M. le Baron DE HUNOLDSTEIN, lieutenant général, commandeur de l'ordre de Saint-Louis (nº 27).

1819. M. le Marquis DE JUIGNÉ, pair de France (nº 94).

1819. M. le Comte DE LANJUINAIS, membre de l'Institut, pair de France. Né le 6 avril 1789, mort le 6 mai 1872 (nº 34).

1819. M. le Comte DE LASTEYRIE (nº 58).

1819. M. le Comte DE LÉAUTAUD, maréchal des camps, adjudant major dans les gardes du Roi (nº 39).

1819. M. le chevalier MAINE DE BYRAN, député de la Dordogne (nº 86).

1819. M. PERREAU, député de la Vendée (nº 17).

1819. M. le Comte DUPLESSIS-CHATILLON, maréchal de camp et chevalier honoraire de l'ordre de Malte (nº 128).

1821. M. le Baron DE GRANDCHAMP, maréchal de camp (nº 86).

1821. M. le Comte RAMPON (nº 42).

1821. M. le Comte DE SAINT-FARGEAU (nº 55).

1821. SOCIÉTÉ POUR L'INSTRUCTION ÉLÉMENTAIRE (nº 42). — Cette Société date du commencement de 1815; elle avait pour but d'encourager l'établissement en France et dans les colonies d'écoles élémentaires, organisées d'après les méthodes d'enseignement les plus parfaites. Le conseil d'administration était composé de 48 membres. Elle publiait un journal sur l'éducation et un bulletin qui était gratuitement distribué à tous les souscripteurs. Elle comptait 45 associés étrangers et correspondants, 171 correspondants nationaux.

En 1821 étaient à la tête de cette Société : MM. le duc de Doudeauville, le comte de Montmorency, le comte de Chabrol de Nolvic, le duc de la Vauguyon, le comte de Lasteyrie, le duc de la Rochefoucauld.

1822. M. DE LYLE-TAULANE, député (nº 32).

1823. M. DESCHÊNES DE CENOUVILLE, chef à l'Université, Gentilhomme ordinaire de la chambre du Roi (nº 17).

1823. M. le Vicomte LENOIR, maréchal de camp, membre du conseil de l'hôtel Royal des Invalides (nº 28).

1825. M. BRIFAUT, membre de l'Institut, de l'Académie française. Auteur de plusieurs tragédies. Né le 15 février 1781 ; mort le 5 juin 1857 (nº 27).

1825. M. MAZURE, Inspecteur général de l'Université (nº 18). Né en 1776, mort en 1828. On a de lui : une *Vie de Voltaire*, une *Histoire de la Révolution d'Angleterre en 1688*, etc.

1825. M. l'abbé PONTEVÈS, Aumônier du Roi (nº 32).

1825. M. BRULOY, Inspecteur général du service de santé (nº 28).

1827. Mme la Comtesse DE BEAUHARNAIS (nº 86).

1827. M. DUVERGIER, avocat près la cour royale (nº 53). On a de lui : *Collection des constitutions des peuples de l'Europe et des deux Amériques — Collection complète des Lois depuis 1789 jusqu'en 1824, avec suite.*

1827. M. le Comte DE LAVAL DE MONTMORENCY, lieutenant général (nº 86).

1827. M. le Comte DE MALHERBE (nº 40).

1828. La Société de Charité pour les Prisonniers (n° 43). — Le président était l'archevêque de Paris. Des commissaires portaient aux prisonniers et à leurs familles des aumônes et des consolations ; des dames bienfaisantes prenaient sur elles les détails de la charité ; des médecins étendaient leurs soins charitables à la famille du prisonnier malade. La trésorière était alors la marquise de la Tour du Pin-Montauban.

1829. M. le Comte Aug. de Bastard d'Estang, attaché à l'Etat-major général de la Garde du Roy (n° 128).

1829. Asile pour les enfants indigents (n° 113).

1829. M. Le Vaillant de Boveut, député de l'Oise (n° 58).

1829. M. le Comte de Chabrillan, pair de France (n° 42).

1829. M. le Baron de Cressac, député de la Vienne (n° 9).

1829. M. Garan de Monglave (n° 36 *bis*). — Eugène Garan de Monglave, chevalier du Christ du Portugal, membre de plusieurs académies et sociétés savantes françaises et étrangères, l'un des rédacteurs du *Journal de Paris* et du *Journal mensuel des voyages* — auteur de plusieurs romans — *histoire d'Espagne, résumé de l'histoire du Mexique, histoire des conspirations des Jésuites contre la maison de Bourbon. — Marilie, chants élégiaques de Gonzague, traduits pour la première fois du portugais, — correspondance de l'Empereur du Brésil avec le feu Roi de Portugal, Don Jean VI, son père, traduite sur les lettres originales et précédée d'une vie de l'Empereur Don Pedro.*

1829. M. le Comte de Guébriant, Pair de France (n° 34).

1829. Mme la Marquise de Longuejoue, ancienne dame d'honneur de la duchesse de Bourbon (n° 128).

1829. M. le Comte Lucinge Colligny de Faucigny, lieutenant-colonel, sous-lieutenant des gardes du corps, compagnie de Noailles, aide de camp du duc de Bordeaux (n° 27).

1829. M. le Vicomte de Talon, maréchal de camp, commandant la 2e brigade de la 2e division de cavalerie de la Garde, gentilhomme de la chambre du roi (n° 86).

1830. M. l'abbé Talhouet de Brignac, aumônier du Roi (n° 30).

1830. M. Bra, statuaire (n° 36 *bis*). On a de lui : *Aristodène ; Ulysse ; les apôtres Pierre et Paul ; S. M. le Dauphin.*

1830. Baron de Crouseilhes, Pair de France (n° 97).

1830. M. Achille d'Hardiviller, artiste peintre, professeur de dessin du duc de Bordeaux (n° 82). On a de lui : *Le duc de Berry pansant un blessé ; la Lapidation de saint Étienne ; la Prise du Trocadéro ; Trait historique de Jeanne Hachette à Beauvais ; Le duc de Rivière à la tête de sa compagnie ; Portrait de Mgr le duc de Bordeaux ;*

1830. M. Marandon de Montyel, inspecteur général adjoint de la salubrité, chargé spécialement de l'éclairage de Paris (n° 58).

1830. M. le Comte de Mont-Blanc, archevêque de Tours, Pair de France (n° 124).

1830. M. A. PINEN-DUVAL, membre de l'Académie française (nº 58). On a de lui : *le Tyran domestique ; la Jeunesse d'Henri IV ; la Manie des grandeurs ; la Fille d'honneur*, et un grand nombre d'autres pièces faisant partie des répertoires du Théâtre-Français, de l'Odéon, de l'Opéra-Comique, etc.

1831. M. CHAMPROBERT, un des principaux rédacteurs de la bibliographie publiée par Gosselin (nº 58).

1831. M. le Comte DE PINS, archevêque d'Amasie (nº 20).

1831. M. RICHARD, peintre (nº 58). On a de lui : *Don Quichotte ; La valise de Cerdenio dans la Sierra morena ;* plusieurs autres aquarelles ; etc.

1832. M. BROUSSE, député de l'Aude (nº 9).

1832. Mme la Comtesse DE CLERMONT-TONNERRE (nº 98).

1832. M. le Comte DE VAUDREUIL, Pair de France (nº 86).

1833. M. BENDANT, membre de l'Institut (nº 36 *bis*).

1833. M. HERMEL, chef des travaux publics de Paris (nº 98).

1834. M. le Comte DE DAMPIERRE, maréchal de camp, plus tard chambellan de Napoléon III (nº 40).

1834. M. FOUQUIER, professeur à la Faculté de médecine, médecin de la Charité (nº 34).

1834. M. GELLIBERT, député (nº 42).

1834. M. POIRSON, médecin, chirurgien des Ecoles Royales militaires (nº 14).

1836. M. le Baron BOUCHU, lieutenant-général (nº 86).

1836. M. CHASLES, député d'Eure-et-Loir (nº 58).

1836. COMPAGNIE D'EXPLOITATION ET DE COLONISATION DES LANDES DE BORDEAUX, créée en vertu d'une Loi du 1er juin 1834 (nº 93). Elle avait pour but l'établissement d'une ligne de navigation de Mimizan à la mer ; l'exploitation des forêts de pins et de chênes qui existaient sur la ligne et qui n'avaient pu être exploitées faute de moyens de transport ; le desséchement de marais, de landes à proximité de la ligne navigable. A la tête du Comité de surveillance se trouvaient le duc de Doudeauville, le duc de Caraman, le baron de Montmorency, etc...

1836. M. PFIEGER, député du Haut-Rhin (nº 9).

1836. M. PERRIGORD, secrétaire général aux Finances (nº 36).

1836. M. le Comte DE LABOURDONNAIS (nº 92).

1838. Le journal *l'Europe* (nº 31).

1839. M. JADELOT, médecin de l'hôpital des Enfants malades, titulaire de l'Académie royale de médecine, du comité central de vaccine, membre de la faculté de médecine, auteur de différents ouvrages (nº 86).

1843. M. BONET, député de Lot-et-Garonne (nº 36 *bis*).

1843. M. A. HOUSSAYE, homme de lettres (nº 84).

1845. M. DALLOZ, député du Jura (nº 36 *bis*).

1846. M. le Comte D'ABOVILLE, pair de France (nº 42).

1846. M. BEAUTEMPS-BEAUPRÉ, membre de l'Académie des sciences, Ingénieur-hydrographe en chef de la marine, conservateur adjoint du dépôt des cartes et plans de la marine (nº 27).

1846. M. JOUANNIN, premier secrétaire interprète du Roi pour les langues orientales, directeur de l'École royale des langues, annexée au collège Louis-le-Grand ; professeur de Persan dans la dite école (nº 40).

1846. M. LEGENDRE, maréchal de camp, membre du comité consultatif de l'artillerie (nº 17).

1846. M. LEBER, homme de lettres, ancien chef du contentieux au ministère de l'Intérieur, auteur de plusieurs ouvrages : *Grammaire générale synthétique appliquée aux langues anciennes et modernes ; Histoire critique des cérémonies du sacre*, etc. (nº 55).

1846. M. le Comte DE MONTALEMBERT, pair de France (nº 36 *ter*).

1846. M. VIALET, ingénieur en chef du pavé et des boulevards de Paris (nº 36 *bis*).

1846. M. le Vicomte DE ROMANET, ancien aide des cérémonies de France (nº 86).

1846. M. SCOTT, docteur médecin, titulaire du 5e dispensaire de la Société philanthropique (maladies de la peau, fièvres intermittentes, etc.) (nº 53). Auteur d'une traduction de Bateman sur les maladies de la peau. Mémoires sur l'anatomie, la physiologie et la pathologie de la peau.

1846. M. CERIZIER, secrétaire du cabinet du Roi (nº 38).

1847. M. le Marquis DE CHABANNES (nº 39).

1847. M. LEGAGNEUR, pair de France (nº 17).

1850. M. Camille DOUCET (nº 32), membre de l'Académie française.

1850. M. GAILLIARD, avocat général à la Cour de cassation (nº 40).

1850. Le journal *la Marine* (nº 35).

1850. M. NOBLET, représentant du peuple (nº 15).

1850. M. TEILHARD-LATÉRISSE, représentant du peuple (nº 42).

1850. M. PARIEUT, représentant du peuple (nº 25).

1850. M. PAYER, représentant du peuple (nº 39).

1850. M. DURRIEU-PAULIN, représentant du peuple (nº 93).

1854. M. DE LEMERCIER, député (nº 21).

1864. M. BESSAS DE LA MÉGIE, avocat, maire du Xe arrondissement (nº 36).

1864. M. BOURCIER DE VILLERS, député des Vosges (nº 49).

1864. M. le général DE CISSEY, plus tard ministre de la Guerre (nº 43).

1864. M. le Marquis FORBIN D'OPPÉDE (nº 43).

1864. M. DE JOUVENCEL, ancien conseiller d'État. Député de Seine-et-Oise.

1864. M. le Comte DE MURAT (nº 20).

1869. M. BÉTOLAUD, professeur de l'Université (nº 53).

1869. M. CONTADES, chambellan de Napoléon III (nº 40).

1869. M. D'AVEZAC, membre de l'Institut (nº 42).

1860. M. DRAPPIER, Inspecteur général des Ponts et Chaussées (nº 38).

1869. M. LE REBOURS, ancien vicaire général de Paris (nº 44).

1869. M. l'abbé MULLOIS, chapelain de Napoléon III (nº 40).

1869. M. PAVET DE COURTEILLE, professeur au collège de France (nº 35). Membre de l'Académie des sciences et belles-lettres.

1870. M. GUILLOT, Intendant général (nº 53).

1873. La Société centrale de sauvetage des naufragés (nº 53).

1873. M. le Général du génie VÉRONIQUE (nº 93).

1875. M. le Marquis DE MONTLAUR, député de l'Allier (nº 44).

1877. M. GEFFROY, membre de l'Institut, professeur à la faculté des lettres (nº 32). A collaboré à la *Revue des Deux-Mondes*, au *Journal des savants*, etc.

1878. L'Œuvre des Cercles catholiques d'ouvriers (nº 10).

1878. M. le Docteur COURAUD, médecin des hôpitaux (nº 40).

1878. M. OSCAR DE LAFAYETTE, sénateur (nº 90).

1878. Mme la Marquise DE SESMAISONS (nº 103).

1878. M. le Général FAVÉ (nº 104).

1882. M. le Général SALIGNAC DE FÉNELON (nº 97).

1882. Le journal *l'Ange de la Famille* (bureau principal, rue Beausire) (nº 19).

1884. M. VILLIERS, député du Finistère.

1888. M. PARIS, membre de l'Institut, professeur au Collège de France (nº 110).

1890. M. DE VALROGER, avocat, président de l'Ordre (nº 32).

1892. M. BOURDON, médecin, membre de l'Institut.

1892. M. LE ROY, député de la Réunion (nº 95).

1892. M. Noël PARFAIT, député d'Indre-et-Loire (nº 106).

1894. Le journal *l'Observateur Français* (nº 10).

1894. LES FRÈRES PRÊCHEURS (nº 94).

1894. LA SOCIÉTÉ ANTI-ESCLAVAGISTE DE FRANCE (nº 109).

TABLE GÉNÉRALE DES NOMS

A

B

C

D

E

F

G

H

I

J

K

L

M

Q

R

S

T

ERRATA

Page 15. C'est à tort que la gravure représentant la rue du Bac incendiée en 1871 est indiquée comme ayant été extraite de l'*Illustration*. Elle est tirée du *Musée des familles*.

Page 20, 10e ligne. Au lieu de : notre maison est ainsi *écrite*, lire : notre maison est ainsi *décrite*.

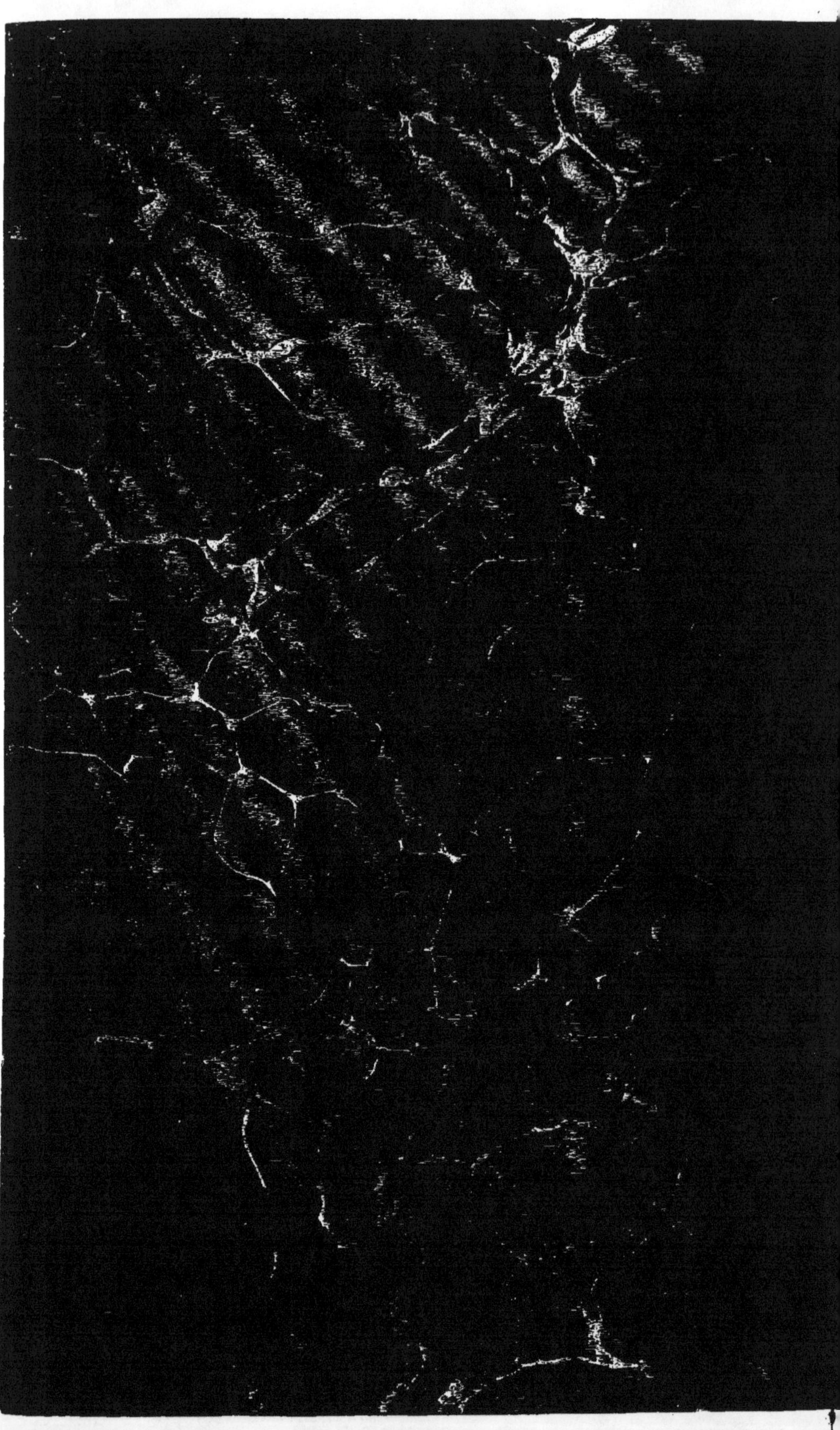

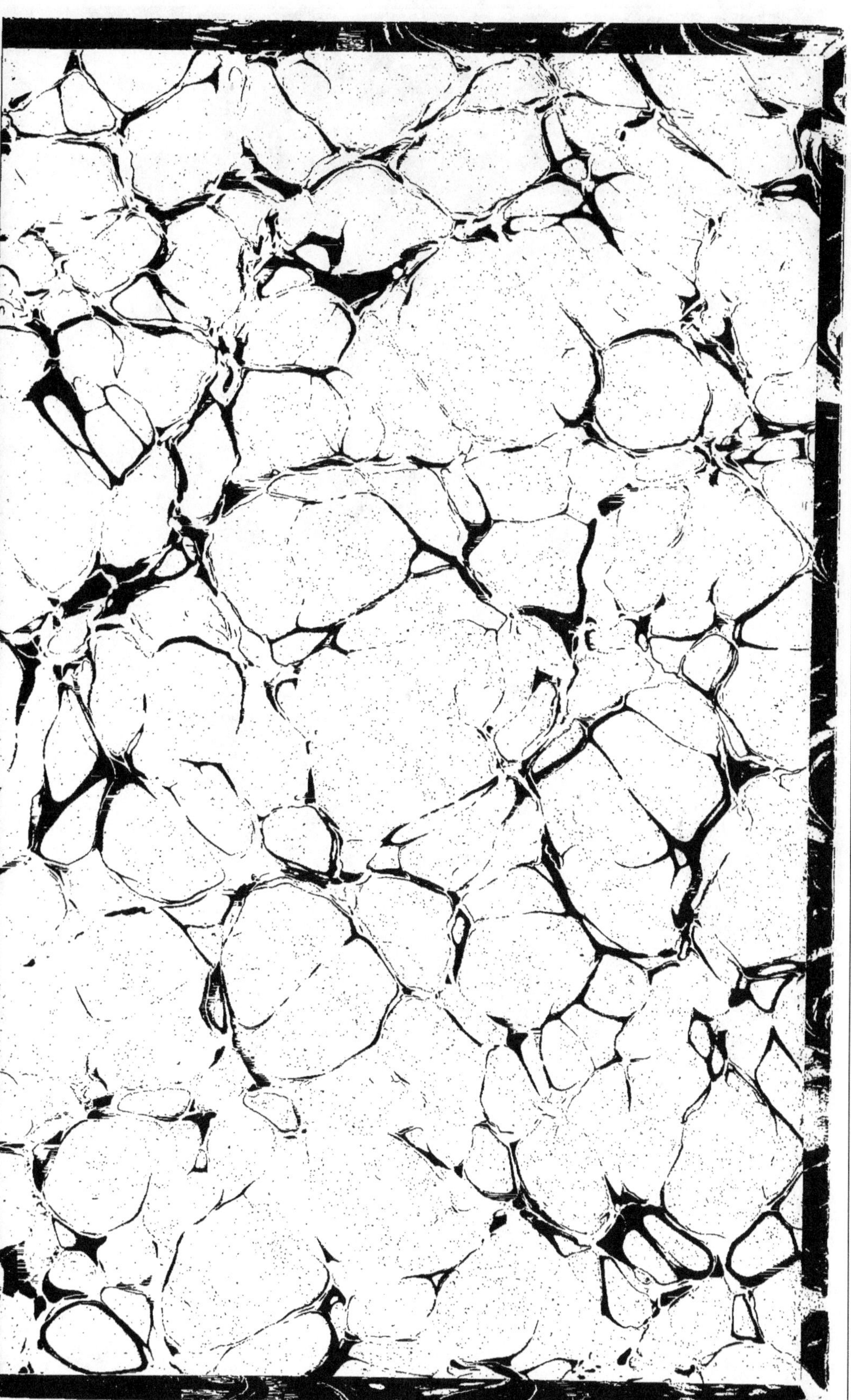

www.ingramcontent.com/pod-product-compliance
Lightning Source LLC
Chambersburg PA
CBHW070412090426
42733CB00009B/1631

* 9 7 8 2 0 1 9 6 0 9 4 7 4 *